가치 있는 것들에 대한 태도

| 일러두기 |

1. 본문에 인용한 성경은 대한성서공회에서 펴낸 새번역판을 따랐습니다.
2. 이 책에 실린 저작물은 해당 저작권자의 허락을 받아 게재하였으나 부득이하게 저자와 연락이 닿지 않아 허락받지 못한 저작물도 있습니다. 관련 저작물에 대해서는 출판사로 연락주시기 바랍니다.

가치 있는 것들에 대한 태도

김기석

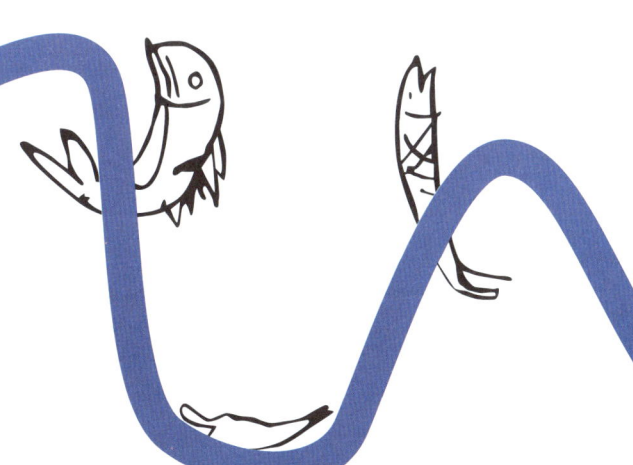

목차

들어가는 말 _____ 6

1부_느려도 함께

생명과 향유 _____ 17
자족과 경탄 _____ 27
정의와 환대 _____ 37
성찰과 결단 _____ 47
위로와 긍휼 _____ 57
사귐과 연대 _____ 67
느림과 꾸준함 _____ 75

2부_한 방향으로, 오래도록, 단호하게

노동 _____ 91
평화 _____ 102
동행 _____ 113
순명 _____ 123
감사 _____ 132

순례	141
희년	151

3부_설레는 마음으로

기다림	167
첫사랑	173
어울림	184
화해자	192
청년 정신	203
열린 식탁	213

4부_온유하고 겸손하게

진실한 말	227
거룩한 삶	238
사회적 모성	246
분별하는 사랑	256
흔들리지 않는 중심	267
온유하고 겸손한 마음	275

주註	282
도판 목록	283

들어가는 말

온 힘을 다해 얻어야 할 마음

"할머니, 제비가 여기에 집을 짓는 게 싫지 않으세요?"
"왜요, 좋지요."
"똥도 싸고 그러면 귀찮지 않나요?"
"제비집 밑에 나무 받침대만 대 주면 문제없어요."

텔레비전 다큐멘터리에서 본 한 장면이다. 별것도 아닌 이런 대화가 가슴에 깊이 남는 것을 보면 각박한 세태에 어지간히 지친 모양이다. 시골의 작은 소읍, 허름한 시장거리에서 살고 있는 할머니에게 제비는 귀찮은 존재가 아니라 생명의 기적을 느끼게 하는 귀한 손님이다. 얼마나 머물다 떠날지 모르지만 할머니는 제비의 '있음' 그 자체를 선물로 받아들이는 것이다. 아무리 작고 사소해도 곁에 다가온 생명의 살 권리를 인정하고 또 아끼는 것, 어쩌면 그것이 우리가 온 힘을 다해 얻어야 할 마음인지도 모르겠다. 제4차 산업혁명을 운위하고, 인공지능이 열어 갈 세상을 기대와 우려 속에 그려 보는 이들이 많지만, 인간의 인간됨은 생명의 신비 앞에 놀라고 기뻐하는 능력에 기초하고 있는 것이 아닐까?

한국 사회는 매우 역동적이다. 십 년이면 강산도 변한다는 말은 이미 낡은 수사일 뿐이다. 변화의 속도는 가히 파시스트적이어서 그 변화를 따라잡을 수 있는 사람은 많지 않다. 삶은 분주하고 마음은 자꾸 허청거린다. 한병철 교수는 《시간의 향기》(문학과지성사)에서 "인간의 지각은 끊임없이 새로운 것, 또는 노골적인 것을 공급받는다"면서 그런 시간을 가리켜 '점-시간'이라 말한다. 내달리는 시간, 지속이 허락되지 않는 시간인 "점-시간은 향기가 없는 시간이다." 지속의 경험이 없는 한 삶의 충만함도 없다.

헛헛한 느낌 때문에 뭔가 위안거리를 찾지만 참된 위안은 늘 저만치에서 가물거린다. 느긋한 평화와 안식은 언감생심이다. 말을 타고 달리다가도 잠시 멈춰서 영혼이 따라올 때를 기다렸다는 인디언들의 지혜가 새삼 떠오른다. 분주함은 성찰의 시간을 허락하지 않는다. '나는 누구이고, 여기는 어디인가?'라는 질문은 잠시 궤도에서 벗어난 이들을 놀리는 맥락에서만 발화될 뿐, 진지하게 탐색되지는 않는다. 마음의 심지가 깊이 박힌 사람, 세상에 길들여지기를 거부하는 사람, 일어선 사람을 만나기란 여간 어려운 일이 아니다. 욕망이라는 잔뿌리에 의지해 삶을 지탱해 보려 하지만, 작은 바람 앞에서도 삶은 위태롭기 이를 데 없다. 절벽 같은 세상에서 추락하지 않으려 안간힘을 다해 덩굴손을 뻗어 보지만, 아스라한 느낌은 사라지지를 않는다.

중심의 부재야말로 우리 시대의 가장 큰 문제가 아닐까? 존재 망각의 시대야말로 궁핍의 시대이다. 어떤 경우에라도 든든하게 견지해야 할 생의 가치를 붙들지 않는 한 우리는 세태에 떠밀려 표류할 수밖에 없다. 세상은 끊임없이 사람들을 불안의 벼랑 끝으로 내몬다. 경쟁에서 탈락할지도 모른다는 두려움, 모두가 누리는 행복이 자신에게는 유보되어 있다는 당혹감에 지배당하는 순간, 우리는 더 이상 자유인이 아니다. 자본주의 체제에 포획된 종일 뿐이다. 돈이 지배하는 세상은 우리에게서 상상력을 앗아간다. 다양한 삶의 가능성은 가뭇없이 사라지고 오직 하나의 길만이 둥덩실 떠오른다. 그 길 위에서는 삶이 전쟁이다. 곁에 있는 이들은 경쟁 상대이지 고단한 인생길의 동반자가 아니다. 이익에 따라 모이기에 이해관계가 무너지는 순간 관계는 속절없이 해체된다. 쓸쓸함과 외로움이 안개처럼 우리 의식을 뒤덮는다. 이런 일이 반복되면 그 부정적 감정은 허무로 귀결되거나 적대감으로 치환된다.

어떻게 살아야 할까? 다른 삶을 상상해야 한다. 버나드 브랜든 스캇은 예수의 비유를 다룬 《예수 비유 새로 듣기》(한국기독교연구소)라는 책의 부제를 "세상을 다시 상상하다"라고 붙였다. 기존 질서가 만들어서 유포하는 당연의 세계는 소수의 사람들만이 특권을 누리고 다수의 사람들은 곤고한 삶을 사는 세상이다. 그 세계의 문법을 충실히 따르는 이들 가운데 일부는 그러한 특권의 자리에 틈입하도록 허락받기도 한다. 그러나 그것은 매우 예외적인 상황일 뿐이다.

예수는 로마가 지배하고 있는 세계 곧 힘이 정의로 인식되고 있는 세계, '거룩'과 '속됨'을 가르는 특권을 가졌다고 자부하며 사람들을 정신적으로 지배하던 예루살렘 성전 체제를 당연한 질서로 받아들이지 않았다. 그런 체제는 무너져야 할 체제였다. 예수는 겨자풀 같은 사람들이 어깨를 걸고 함께 살아가는 진정한 평화의 세상, 힘을 가진 이들이 지배를 포기하고 오히려 모든 사람들을 기꺼이 섬기는 세상을 꿈꿨다. 어처구니없는 꿈이었다. 그러나 세상은 그런 꿈을 꾸는 이들을 통해 조금씩 변화한다.

월터 브루그만은 《마침내 시인이 온다》(성서유니온선교회)라는 책에서 설교자는 시인이 되어야 한다고 말한다. "틀에 박힌 공식들로 체계화된" 산문의 언어가 아니라 "움직이며 적시에 도약하는 언어, 기습과 마찰과 속도로 낡은 세계를 깨뜨려 여는" 시적 언어를 사용해야 한다는 말이다. 깊이 공감한다. 운율과 박자, 그리고 언어의 경제성을 획득했다고 하여 그것이 시적이라고 말할 수는 없다. 그 시가 열어 보이는 세계가 상투적이지 않아야 한다. 시절이 곤고할수록 시인들의 말에 귀를 기울여야 한다.

레오 리오니의 아름다운 동화 《프레드릭》(시공주니어)은 풀밭 옆에 있는 돌담 사이에 보금자리를 마련한 들쥐 가족의 이야기를 들려준다. 들쥐들은 밤낮없이 옥수수와 나무 열매, 밀과 짚을 모았다. 그런데 프레드릭만은 예외였다. "넌 왜 일을 안 하니?" 하고 묻는 친구들에게 "나도 일하고 있어. 난 춥고 어두운 겨울날들을 위해 햇살을 모으는 중이야" 하고 대답할 뿐이었다. 프레드릭이 모으는 것은 또 있었다. 색깔도 모으고, 이야기도 모았다. 첫눈이 내리고 추위가 찾아오자 무기력해진 들쥐들은 프레드릭에게 이야기를 들려 달라고 부탁한다. 프레드릭은 찬란한 금빛 햇살 이야기며, 파란 덩굴꽃과 노란 밀짚 속의 붉은 양귀비꽃, 초록빛 딸기 덤불 이야기도 들려주었다. 그 이야기를 들으며 행복해진 들쥐들이 "프레드릭, 넌 시인이야!"라고 말하자 프레드릭은 수줍게 말했다. "나도 알아." 시인의 존재 이유는 이처럼 일상의 현실 속에 하늘빛 광휘를 끌어들이는 일인지도 모르겠다.

분주한 일상을 사는 이들에게 설교를 통해 전달되는 하나님의 말씀은 낯설거나, 비현실적으로 느껴질 수도 있다. 그래서 설교자들은 청중의 상황에 맞는 이야기를 하기 위해 애쓰기도 한다. 그러나 설교자들이 포기해서는 안 될 것이 있다. 하나님이 쓰고 계신 구원의 이야기를 들려주어야 한다. 눈에 보이지는 않아도 구원의 이야기는 우리 삶과 역사의 이면에서 지속되고 있다. 삶이 곤고할수록 시인 예수가 들려주는 이야기에 귀를 기울여야 한다. 그래야 길고 고달픈 겨울을 견딜 수 있다.

말의 부질없음을 잘 알고 있으면서도 말을 하지 않을 수 없는 것이 설교자의 운명이라고 탄식한 적도 있었다. 하지만 그것조차 오만임을 이제는 안다. 살아 있는 말은 사건을 일으킨다. 이 책에 담긴 이야기가 삶에 지쳐 비틀거리는 누군가의 받침대가 되어 줄 수 있으면 좋겠다. 생명의 기운이 일렁이고 모두가 느긋한 평화를 누릴 수 있는 세상의 꿈을 위해 헌신하는 모든 벗님들께 감사한다. 공들여 글을 고르고 주제에 맞게 배열함으로 책의 꼴을 갖춰 준 비아토르의 김도완 대표께도 감사의 마음을 전한다. 늘 아름다운 동행이 되어 주는 푸른 언덕의 길벗들에게 깊이 감사드린다.

1부

느려도 함께

생명과 향유

감리교회는 6월 둘째 주일을 환경주일로 지키고 있습니다. 환경環境이라는 용어 자체가 인간중심주의를 내포한 말이기에 적절치 않아 보이기는 합니다. 인간을 중심에 놓고 다른 생명들을 주변화하고 있기 때문입니다. 인간에게 편리한 세상을 만들기 위해 다른 생명들을 함부로 대하는 일들이 비일비재하게 벌어집니다. 그래서 어떤 이들은 '환경'보다는 '생태계生態界'라는 단어를 사용하자고 제안하기도 합니다. 생태계란 생명체와 비생명체가 상호작용하는 시스템을 일컫는 말입니다.

인간은 생태계의 질서와 한계를 지키며 살아야 합니다. 그러나 인간 역사는 생태계 파괴의 역사라 해도 과언이 아닙니다. 인간의 생산 활동은 늘 주변 생태계에 변형을 일으킬 수밖에 없습니다. 생명운동을 하는 이들도 이 사실을 잘 알고 있습니다. 그렇기에 가급적이면 생태 발자국ecological footprint을 적게 남기며 사는 삶을 제안합니다. 생태 발자국이란, 인간이 지구에서 삶을 영위하는 데 필요한 의식주 등을 제공하기 위한 자원의 생산과 폐기에 드는 비용을 토지로 환산한 지수를 가리킵니다. 지금의 인구가 현재와 같은 소비 수준을 유지하기 위해서는 지구가 하나 더 있어야 한다고 합니다. 달리 말하면 지금 우리 삶의 방식은 지속 가능하지 않다는 것입니다. 하나님이 창조하시며 보기에 좋았다고 하셨던 세상은 지금 인간들로 인해 속절없이 유린되고 있습니다.

얼마 전에 매스컴에 보도된 강아지 공장 이야기를 아십니까? 마트와 인터넷에서도 거래되는 애완견을 공급하기 위해 번식장이 전국 도처에 널려 있는데, 문제는 애완견을 번식시키는 방식의 반생명성입니다. 값비싼 모견(母犬)을 구해다가 1년에 세 차례 이상씩 강제 임신을 시켜 새끼를 낳게 하는 것입니다. 그곳은 말이 번식장이지 공장이나 마찬가지입니다. 돈벌이를 위해 생명을 그렇게 함부로 대하는 일은 창조주의 섭리를 거스르는 일입니다.

한반도 전역을 뒤덮고 있는 미세먼지가 올해 유난히 더 심각한 지경에 이르고 있습니다. 중국에서 유입되는 황사도 문제지만 우리나라에서 발생하는 것도 많습니다. 정부는 경유차를 그 주범으로 꼽고 있지만, 미국 NASA 연구팀은 서해안 일대에 많이 세워진 화력발전소가 가장 심각한 오염원이 되고 있다고 발표했습니다. 얼마 전 통계를 보았습니다. 우리나라는 OECD 38개 나라 가운데 삶의 질은 28위, 공동체 안전은 37위, 일하는 시간과 삶의 균형 지수는 36위라고 합니다. 그런데 공기의 질은 꼴찌였습니다. 한때 환경부는 막대한 미세먼지를 발생시키는 진짜 주범이 공장이나 건설 장비, 화력발전소 등이 아니라 '고등어'나 '삼겹살'이라며, 국민의 시선을 돌리려 했습니다. 밀폐된 공간에서 고등어나 삼겹살을 구우면 미세먼지가 30배나 나온다고 발표한 것입니다. 규제는 처부수어야 할 암 덩어리로 인식하고 있던 당시 지도자의 인식에 발맞추기 위한 것이었는지도 모르겠습니다.

노후한 핵발전소 문제도 심각합니다. 후쿠시마 핵발전소 폭발 사건은 아직도 현재 진행형인데 여전히 우리는 노후한 핵발전소를 그대로 재사용할 뿐 아니라 핵발전소를 더 짓고 있습니다. 무서운 일입니다.

유전자조작(GMO, Genetically Modified Organism)식품이 늘어나는 것도 큰 문제입니다. 유전자조작식품이란 생물의 유전자 중에서 유용한 유전자만을 취한 후 다른 생물체에 삽입하여 만든 새로운 농축수산물을 일컫는 말입니다. 생산성 제고, 상품의 질 강화라는 명분 아래 추위나 병충해 혹은 제초제에 강한 제품을 만들어 내는 것이지요. 문제는 그것이 인체에 얼마나 유해한지에 대한 검증이 이루어지지 않았다는 사실입니다. 요즘 암, 자폐증, 치매, 당뇨가 급증하는 이유를, 세계 최대 종자 회사인 '몬산토'가 개발한 '라운드업' 제초제 성분인 글리포세이트Glyphosate와 관련된 것으로 보는 연구가 나오고 있습니다. 글리포세이트는, 장에서 몸속의 독소를 제거하고 면역 시스템을 강화해 주며 사람들이 행복 호르몬이라 부르는 세로토닌 생성에 도움을 주는 좋은 세균들을 죽임으로써 우울증을 발생시키기도 한답니다. 지금 식당이나 가정에서 많이 사용하는 콩기름, 카놀라유, 옥수수유, 맥당, 과당은 대부분 유전자조작 콩이나 옥수수로 만든다고 합니다. 건강한 삶의 가능성은 점점 줄어듭니다.

아름다움의 구원

늘 말씀드리는 바입니다만, 경제 논리가 생명 논리를 압도할 때 세상은 죽음의 땅으로 변할 수밖에 없습니다. 이런 세상에서 하나님의 백성으로 살아간다는 것은 어떤 의미일까요? 세상이 제시하는 행복의 조건을 따르지 않아도 행복할 수 있다는 사실을 보여 주는 것이 아닐까요? 풍요롭지는 않아도 남과 우정을 나누며 사는 기쁨, 자연 속에 깃든 하나님의 숨결에 감동하며 사는 삶, 설 자리를 잃어버린 사람들의 설 자리가 되어 주고, 누군가의 비빌 언덕이 되는 기쁨을 누리며 사는 삶은 가능합니다.

소유에 바탕을 둔 삶은 늘 우리에게 불만족을 안겨 줍니다. 불만족이야말로 우리를 일하게 만드는 동력이기 때문입니다.《피로사회》(문학과지성사)라는 책을 써서 우리 사회에 큰 반향을 일으켰던 한병철 교수는,《아름다움의 구원》(문학과지성사)이라는 책에서 즉각적이고 감각적인 만족을 추구하는 소비사회가 잃어버리고 있는 아름다움에 대해 일깨우고 싶어 합니다. 저자는 타자들의 '은폐된 아름다움'에 눈을 뜨자고 말합니다. 타자에게 수모를 안겨 주고 혐오감을 표현하는 세상에서, 철학자이자 문화 비평가인 저자는 전혀 다른 방향을 가리킵니다. 그런데 그것은 성경이 일관되게 가리키는 방향과 같습니다.

이런저런 일로 가슴이 답답해질 때면 읽는 성경 본문이 있습니다. 함석헌 선생님의 제안에 따라 요한복음 13장부터 17장까지를 반복해서 읽곤 합니다. "유월절 전에 예수께서는, 자기가 이 세상을 떠나서 아버지께로 가야 할 때가 된 것을 아시고, 세상에 있는 자기의 사람들을 사랑하시되, 끝까지 사랑하셨다"(요 13:1)는 구절로 시작되는 이 대목은 마치 예수님의 유언처럼 들려 가슴이 뜨거워집니다. 욥기 38장부터 42장을 읽을 때도 있습니다. 하나님은 자기 고통에 온통 사로잡혀 있던 욥에게 더 크고 위대한 세계로 눈을 돌려 보라 이르십니다. 저 무한한 공간, 깊이를 알 수 없는 창조 세계의 신비 앞에서 욥은 입을 다물고 맙니다. 로마서 8장 31절 이하를 또박또박 읽을 때도 있습니다. "하나님이 우리 편이시면, 누가 우리를 대적하겠습니까? … 누가 우리를 그리스도의 사랑에서 끊을 수 있겠습니까?"(롬 8:31b, 35a) 이 강렬한 질문 앞에 설 때마다 작은 일에 숨막혀 하는 나 자신의 모습이 부끄러워집니다. 그리고 무엇보다도 흔들리는 제 마음을 안돈시켜 주는 것은 시편입니다.

생명의 노래를 듣는가?

내 마음이 옹색해질 때 가장 자주 읽는 것이 시편 104편이 아닌가 싶습니다. "내 영혼아, 주님을 찬송하여라. 주, 나의 하나님, 주님은 더없이 위대하십니다. 권위와 위엄을 갖추셨습니다"(시 104:1)로 시작되는 이 시편은 창조 시편의 백미라 할 수 있습니다. 시인은 삼라만상 모든 것들이 다 주님의 숨결로 지어진 것이고, 지금도 주님의 숨결 안에서 존속되고 있다고 노래합니다. 가없이 넓게 펼쳐진 저 하늘도, 세상을 밝게 비치는 빛도, 불어오는 시원한 바람도, 온 세상의 물을 다 받아들이는 바다도 다 하나님께 속해 있습니다. 이 시편을 자꾸 읽다 보면 무정하기 이를 데 없었던 세상이 돌연 신비에 찬 섭리의 세상으로 바뀝니다. 계곡 사이를 세차게 흐르는 물줄기도, 졸졸졸 흐르는 시냇물도, 뭇 짐승들의 마른 목을 축여 주는 샘물도 모두 하나님의 뜻을 수행하며 그 자리에 있습니다. 직접 시인의 말을 들어 보십시오.

> 주님은, 골짜기마다 샘물이 솟아나게 하시어, 산과 산 사이로 흐르게 하시니, 들짐승이 모두 마시고, 목마른 들나귀들이 갈증을 풉니다. 하늘의 새들도 샘 곁에 깃들며, 우거진 나뭇잎 사이에서 지저귑니다(시 104:10-12).

생명의 노래를 부르는 사람이야말로 하나님의 마음을 가장 잘 아는 사람이 아닐까요? 잡지 〈전라도닷컴〉을 읽다가 괜스레 마음이 짠해졌습니다. 돋아난 잡초 하나를 뽑으려다 말고 혼잣말처럼 "지도 얼마나 애쓰고 나왔을 것인디" 하고 주저하시는 시골 할머니, 연한 쑥을 캐들고는 "지는 크니라고 애쓰고, 나는 캐니라고 애쓰고"[1]라고 말씀하시는 할머니의 마음이 느껴워졌던 것입니다. 그 농투성이 할머니들의 마음이야말로 우리가 회복해야 할 마음이 아닐까요? 생명이 얼마나 존귀한지 아는 사람, 세상에 존재하는 어떤 것도 당연하게 생각하지 않는 사람이야말로 하나님의 은혜에 가까이 다가간 사람이라 말할 수 있습니다. 그 마음이 없어 세상이 지옥으로 변하고 있습니다. 한 구절을 더 읽어 보겠습니다.

> 주님은, 들짐승들이 뜯을 풀을 자라게 하시고, 사람들이 밭갈이로 채소를 얻게 하시고, 땅에서 먹거리를 얻게 하셨습니다. 사람의 마음을 즐겁게 하는 포도주를 주시고, 얼굴에 윤기가 나게 하는 기름을 주시고, 사람의 힘을 북돋아 주는 먹거리도 주셨습니다(시 104:14-15).

짧은 구절이지만 시인은 우리가 일상적으로 바라보는 모든 것들이 하나님의 은혜임을 인상 깊게 묘사하고 있습니다. 풀을 자라게 하심으로 짐승과 사람들이 살게 하시고, 포도주와 기름을 주셔서 사람을 기쁘게 하셨습니다. 시인은 오늘 우리가 누리고 사는 모든 것들이 하나님의 선물이라고 말합니다. 우리는 다만 받아 누릴 뿐입니다. 세상의 모든 미물들도 하나님의 은혜의 세계 안에 있습니다. 나무들이 물을 듬뿍 마시는 것도 은혜이고, 새들이 거기 깃드는 것도,

산양들이 산에 사는 것도 다 하나님의 은혜입니다. 이런 말이 너무 상투적으로 들릴까 걱정되지만, 그래도 이 이상의 말은 없습니다. 이런 현실에 눈을 뜨면 세상은 더 이상 무정한 곳이 아니라 하나님이 머무시는 거룩한 땅이 됩니다. 하나님은 "너희가 사는 땅, 곧 내가 머물러 있는 이 땅을 더럽히지 말아라"(민 35:34)고 엄중히 이르셨습니다. 지금 우리가 살고 있는 이 땅은 하나님이 머무시는 땅입니다. 생명을 내시고 기뻐하셨던 주님의 땅 말입니다.

존재의 근원은 즐거움

일본의 생물학자인 가와바타 구니후미는 "히로시마의 원자폭탄 돔(히로시마 평화기념관) 근처를 흐르는 모토야스 강의 하구 옆을 지나다가, 간석지에 많은 꽃발게가 모여 일제히 체조를 하고 있는 모습을 본 적이 있다"고 말합니다. 꽃발게의 그 행동은 몸이 작을 때부터 행하는 일종의 '구애 행동'인데 그 리드미컬한 몸짓이 참 장관이더라는 것이었습니다. 가와바타는 그 모습을 홀린 듯 바라보다가 문득 게들이 저렇게 체조를 하는 것이 즐겁기 때문이라는 생각이 들더랍니다. 그리고 이렇게 말합니다.

그렇구나. 어떤 생물에게도 살아 있다는 것은 즐거운 일이구나. 존재의 근원은 '즐거움'이겠구나. 그러니까 누구든 대우주, 대자연이 협연하는 '즐거움'이라는 심포니를 자신 안에, 타자 속에, 모든 존재 속에서 느끼고 즐길 수 있는 거구나. 원자폭탄이 떨어져도 미동하지 않는 진실한 생명의 세계가 존재하는 거구나.[2]

'존재의 근원은 즐거움'이라는 말이 참 낯설게 여겨지지 않습니까? 하루하루 산다는 게 기적처럼 여겨지는 세상에서 우리가 즐거워해도 될까요? 그러고 보니 우리 삶이 힘겨운 것은 존재의 근원인 즐거움을 누리지 못하기 때문이라는 생각이 듭니다. 복잡한 신학 이론은 모를지라도 세상을 지으신 하나님을 진심으로 믿는 이들은 하나님의 즐거움에 동참해야 합니다. 인간의 과도한 탐욕으로 인해 무너진 세상을 조금씩 회복해야 할 책임이 우리에게 주어져 있습니다. 영국의 리처드 레이놀즈라는 청년은 2004년부터 버려졌거나 사람들이 돌보지 않는 땅에 꽃을 심는 운동을 벌였습니다. 이름하여 '게릴라 가드닝'입니다. 그는 삭막하고 험한 세상을 원망만 하기보다는 자기가 할 수 있는 일을 시작했습니다. 많은 이들이 그 운동에 동참하고 있습니다. 세상은 그렇게 성과를 계산하지 않고 해야 할 일을 묵묵히 하는 이들을 통해 변화됩니다.

하나님을 진심으로 믿는 이들은 이 세상을 생명이 넘실거리는 곳으로 바꾸기 위해 노력해야 합니다. 그러기 위해서는 먼저 존재의 근원에서 비롯된 즐거움을 누릴 수 있어야 합니다. 분주한 일상에서 아주 잠깐이라도 벗어나서 하나님의 훌륭한 작품들 앞에 서곤 해야 합니다. 우리 속에 그런 여백이 마련될 때 우리는 비로소 평화를 전

할 수 있습니다. 에스겔이 보았던 아름다운 비전을 기억하시지요? 그는 성전 문지방으로부터 흘러내린 물줄기가 이르는 곳마다 죽었던 땅이 살아나고, 온갖 생물들이 번성하며 살아나는 것을 보았습니다. 교회에서 발원된 물이 이런 생명의 기적을 일으킬 수 있으면 얼마나 좋겠습니까? 온갖 피조물들이 조화를 이루는 세상을 이루기 위해, 오늘 이후 우리도 가급적이면 생태발자국을 덜 남기는 삶을 실천할 수 있기를 빕니다.

자족과 경탄

요즘에는 6월 중순도 되기 전부터 날씨가 마치 한여름 같습니다. 전력 당국은 미리부터 대규모 정전 사태black-out를 염려하고 있습니다. 많은 이들이 '다시는 이런 일이 없도록 하겠다'고 약속했던 정부의 말을 떠올리며 분개하고 있습니다. 국민에게 절전만 당부할 뿐 아무런 대책도 세우지 않은 것 같기 때문입니다. 그 대책이 원전을 세우는 것이라고 말하고 싶겠지만, 이제는 그럴 수도 없게 됐습니다. 얼마 전 원전 가동 중단 사태가 벌어졌고, 그 까닭이 냉각 작동 제어 케이블의 불량에 있었다니 벌린 입을 다물 수가 없을 지경입니다. 그것은 안전 계통에 제어 신호를 보내는 핵심 부품이었으니, 자칫하면 대형 사고로 이어질 수도 있었기 때문입니다. 뒤늦게 당국이 조사를 해 보니 문제는 예상했던 것보다 훨씬 더 심각했습니다. 부품만이 문제가 아니었습니다. 원전을 세우고 운영하고 감시하는 이들이 동문들인 경우가 대부분이어서 그들은 자기 사람 심기에 바빴고 서로의 비리에 눈을 감았다는 것입니다.

 자신들의 논과 밭을 지키기 위해서 송전탑 건설을 반대하는 밀양의 할머니 할아버지들의 몸부림을 두고 국책 사업을 반대해 막대한 손실을 초래하게 한다며 엉너리치던 언론조차 할 말이 없게 되었습니다. 큰 도둑을 안에 두고 있는 격이었으니 말입니다. 저는 기계가 정밀해지면 사고의 위험이 사라진다는 말을 애당초 믿지 않았습니다. 문제는 그 기계를 다루는 사람입니다. 인정하기 싫지만 사람은 누구나 이기적이고 자기중심적입니다. 서 있는 자리에 따라서 똑같은 현실이 달리 보입니다. 주관을 배제한 객관적 판단이라는 게 애당초 불가능한 것인지도 모르겠습니다. 차라리 우리가 편견에 찬 존재임을 인정하는 게 대화를 쉽게 만드는 것 같습니다. 기계 장치를 정교하게 하고, 사람들이 잘못을 저지르지 않도록 시스템을 잘 갖추는 것은 물론 중요합니다. 그러나 그 못지않게 중요한 것은 사람의 변화입니다.

기후 변화 문제가 심각하다는 사실에 대해서는 사람들이 대체로 동의하는 것 같습니다. 하지만 그 문제를 어떻게 풀어가야 할지에 대해서는 의견이 갈립니다. 에너지를 어떻게 생산하고 또 그것을 어떻게 분배하느냐 하는 문제도 중요합니다. 하지만 에너지 집약적인 삶의 구조를 바꾸는 일이 더 중요합니다. 언젠가부터 '지속 가능한 성장'이라는 말이 유행어처럼 사용되고 있지만, 사실 그건 거의 불가능한 일입니다. 우리 문명이 지속 가능하려면 지금 당장 우리 삶의 방식을 바꾸지 않으면 안 됩니다.

한편, 여러 해 전부터 '즐거운 불편'이라는 말을 쓰는 이들이 늘어나고 있습니다. 일찌감치 생태적 삶으로 회심한 이들이 있습니다. 지금까지의 우리 경험상 GNP의 증가가 행복의 증대로 이어지지 않는다는 사실은 분명합니다. 돈을 모으기 위해 우리는 너무나 많은 것들을 잃어버리거나 포기합니다. 돈의 논리가 들어가면 가족 관계가 무너지고 오랫동안 오순도순 살아가던 공동체도 일순간에 무너집니다. 얼마 전, 유산 상속이 공정하지 않았다고 생각한 동생이 홧김에 형 집에 불을 질러 여러 사람이 죽었다는 보도를 보았습니다. 아프리카 여러 나라가 극심한 빈곤과 질병에 시달리는 것은 서구의 거대 자본이 들어가 조상 대대로 이어 내려오던 공동체적 삶을 깨뜨렸기 때문입니다.

욕망의 지배

신약성경은 거의 2천 년 전에 기록된 책이지만 인간의 비루한 욕망에 대해서 기가 막힐 정도의 통찰을 보여 주고 있습니다. 시간이 흘러도 인간성이 크게 진보하지 않았다는 반증인지도 모르겠습니다. 육신의 욕망을 제어하지 못할 때 어떤 결과가 빚어지는지를 야고보서는 통찰력 있게 묘사하고 있습니다.

사람이 시험을 당하는 것은 각각 자기의 욕심에 이끌려서, 꾐에 빠지기 때문입니다. 욕심이 잉태하면 죄를 낳고, 죄가 자라면 죽음을 낳습니다(약 1:14-15).

여러분은 욕심을 부려도 얻지 못하면 살인을 하고, 탐내어도 가지지 못하면 다투고 싸웁니다(약 4:2a).

오늘의 세계를 지배하고 있는 신자유주의적 경제 질서는 사람들 속에 있는 '욕망'을 부추기는 일에 명수입니다. 우리는 매일매일 수많은 광고와 접하며 삽니다. 멋진 남성과 여성 모델들은 여러 가지 상품을 매력적으로 보이도록 하는 데 일조합니다. 가수 이효리 씨는 톱스타임에도 불구하고 언젠가부터 광고에 등장하지 않습니다. 자기가 나온 광고를 본 지인이 거금을 들여 다이어트 제품을 사는 것을 본 후 상업광고를 찍지 않기로 결심했다고 합니다. 사회학자들은 오늘 우리가 구매하는 것은 '상품'이 아니라 '기호'라고 말합니다. 조금 어려운 말일 수도 있지만 따지고 보면 간단합니다. 사람들은 제품의 질을 꼼꼼하게 따져 보고 물건을 구매하는 것이 아니라 유명한 브랜드의 제품을 구매합니다. 그래야 자기의 사회적 위신이 올라간다고 생각하기 때문입니다. 하지만 그런 브랜드 제품을 사용한다고 해서 그의 위신이 올라가는 것은 아닙니다. 오히려 자기 속의 허함을 내보이는 경우도 허다합니다.

    돈이 지배하는 세상이 제일 미워하는 사람은 자족할 줄 아는 사람입니다. 가진 것이 변변치 않은 데도 당당한 사람을 보면 화를 내기도 합니다. 그들을 게으르다고, 무능하다고 말하기도 합니다. 그렇게 살면 안 된다고 충고하기도 합니다. 예수님은 "사람이 빵으로

만 살 것이 아니라 하나님의 입에서 나오는 모든 말씀으로 살 것"(마 4:4)이라고 말씀하셨습니다. 빵의 문제가 사소하다는 말은 절대 아닙니다. 밥의 문제를 잘 해결하는 것은 정말 중요합니다. 오죽하면 제자들에게 기도를 가르치시면서 "오늘 우리에게 일용할 양식을 주십시오"라고 기도하라 하셨겠습니까. 하지만 밥의 문제에만 붙들려 살기에는 우리 삶이 너무 아깝습니다. '하나님의 말씀' 혹은 '하나님의 뜻'을 어떻게 수행하며 살 것인가도 심각하게 물어야 합니다. 지금 우리 삶은 물질이 부족해서가 아니라 뜻이 부족해서 빈곤합니다.

한국 교회는 70~80년대에 '번영의 신학'을 통해 성장했습니다. 예수를 잘 믿으면 물질의 복과 건강의 복과 영혼 평안의 복을 받는다는 말에 사람들은 열광했습니다. 하지만 사람들이 바라던 그것은 진짜 복의 그림자에 지나지 않습니다. 진짜 복은 '하나님 자신'입니다. 하나님을 중심에 모시고 사는 것 자체가 복입니다. 하나님의 뜻에 따라 삶을 조율하고, 그 뜻을 이루기 위해 자신을 바치며 사는 것이 복입니다. 나머지 것은 부수적으로 따라오는 것입니다. 하지만 우리는 본과 말을 뒤집었습니다. 하나님의 뜻은 내팽개치고 복에만 매달렸습니다. 경건을 이익의 도구로 바꾼 결과, 오늘의 교회는 세상의 빛과 소금이 되지 못하고 있습니다. 믿는다는 이들도 이미 받은 은혜가 큰 데도 그것에 대해 감사하기보다는 결핍에만 눈길을 주며 살아갑니다. 먹을 것과 입을 것이 있지만 그것으로 만족하지 못합니다.

자족할 줄 아는 사람에게는, 경건이 큰 이득을 줍니다. 우리는 아무것도 세상에 가지고 오지 않았으므로, 아무것도 가지고 떠나갈 수 없습니다. 우리는 먹을 것과 입을 것이 있으면, 그것으로 만족해야 할 것입니다. 그러나 부자가 되기를 원하는 사람은, 유혹과 올무와 여러 가지 어리석고도 해로운 욕심에 떨어집니다. 이런 것들은 사람을 파멸과 멸망에 빠뜨립니다. 돈을 사랑하는 것이 모든 악의 뿌리입니다. 돈을 좇다가, 믿음에서 떠나 헤매기도 하고, 많은 고통을 겪기도 한 사람이 더러 있습니다(딤전 6:6-10).

그러나 부자가 되기를 원하는 사람은, 유혹과 올무와 여러 가지 어리석고도 해로운 욕심에 떨어집니다. 이런 것들은 사람을 파멸과 멸망에 빠뜨립니다(9절).

이 말씀은, 특히 9절은 일종의 경고의 나팔소리입니다. 부자가 되려는 마음이야말로 사탄이 틈타기 좋은 마음입니다. 바울은 "돈을 사랑하는 것이 모든 악의 뿌리"라고 간결하게 요약합니다. 바울은 돈 때문에 믿음의 길에서 떠나 헤매기도 하고 고통을 겪기도 한 사람이 '더러' 있다고 하지만, 저는 '더러'를 '많이'로 바꾸고 싶습니다.

경탄을 잃어버린 현대인
돈의 지배에서 벗어나기 위해서는 훈련이 필요합니다. 삶을 단순하게 바꾸는 연습이 필요합니다. '더'의 삶에서 '덜'의 삶으로 개종해야 합니다. 덜 먹고, 덜 쓰는 삶 말입니다. 어느 분은 '더럽다'는 말을 '덜 없다'라고 설명했습니다. 비우지 못하는 것이 곧 더러움이라는 뜻일 것입니다. 누가 비우며 살 수 있습니까? 하나님을 창조주로 믿는 사람입니다. 하나님을 창조주로 믿는다는 말을 두고 자연과학자들과 맞씨름을 하려는 분들이 있습니다. 그럴 필요 없습니다. 과학의 언어와 종교의 언어는 서로 문법이 다릅니다. 그렇다면 하나님을 창조주로 믿는다는 말은 어떤 뜻일까요? 몇 가지로 요약해 보겠습니다.

첫째, 모든 것이 하나님께로부터 왔기에 어떤 것도 인간이 함부로 대해서는 안 된다는 사실을 아는 것입니다. 그것은 하나님께 속한 것이기 때문입니다. 산업화 이후 사람들은 모든 것을 자원으로 봅니다. 인간의 뜻을 이루기 위해 동원되거나 파괴되어도 괜찮은 것으로 생각한다는 말입니다. 물론 인간이 살기 위해서 변형을 가하는 것은 피할 수 없겠지만 그것은 꼭 필요할 때, 최소한으로만 해야 합니다.

둘째, 세상의 모든 것이 주님 안에서 서로 연결되어 있음 inter-connectedness을 믿는 것입니다. 탈무드에 나오는 이야기 아십니까? 몸은 하나이고 머리가 둘인 샴쌍둥이가 한 사람인가, 두 사람인가의 논쟁 말입니다. 랍비는 어느 한 사람에게 아픔을 가했을 때 함께 아파한다면 한 사람이고, 아파하지 않으면 두 사람이라고 말했습니다.

생명이 서로 연결되어 있음을 아는 이들은 다른 존재에게 고통을 가하지 않으려고 노력합니다. 사람들은 '환경'이라는 단어를 즐겨 사용합니다. 그런데 이 단어는 매우 인간 중심적 단어입니다. 환경이란 사람이나 사물이 들어가 있는 조건을 이르는 말입니다. 이때 우리와 환경은 분리되어 있습니다. 하지만 우리의 생명은 다른 생명들과의 상호관계 속에서 형성됩니다. 인간의 생명도 생태계 순환의 일부일 뿐입니다. 그렇기에 환경 보호라는 말보다는 생태계 보전이라는 말이 더 적합합니다.

셋째, 모든 생명은 상호 책임지는inter-responsible 존재임을 인정하는 것입니다. 시베리아 호랑이를 추적하여 그들의 생태를 보여 준 박수용 감독의 《시베리아의 위대한 영혼》(김영사)을 읽으며 감동했던 적이 있습니다. 그는 자연의 한 부분이 되지 않고는 자연의 신비와 만나기 어렵다면서, 자연의 더 깊은 곳을 보려면 비탈에 선 나무가 되어야 한다고 말합니다. 그의 글을 읽다가 '아!'하고 감동한 대목이 있습니다. 숲을 걷다 보면 부엉이가 토해 낸 펠릿(pellet, 부엉이 같은 맹금류가 새 같은 먹이를 통째로 삼킨 뒤 소화가 되지 않은 털과 뼈를 뭉쳐서 입으로 토해 낸 것)들이 나무 밑에 떨어져 있는 것을 볼 때가 있습니다. 부엉이는 잠을 자는 공간과 쉬는 공간, 사냥터를 구분하는 영특한 동물입니다. 펠릿이 보인다는 것은 그곳이 부엉이의 쉼터라는 뜻이기에 고개를 들어 확인하고 싶은 생각이 든다고 합니다. 하지만 충동을 자제하지 못하고 올려다보면 부엉이는 쉼터를 버리고 다른 쉼터를 찾는 수고를 해야 합니다. 그래서 그는 부엉이가 나뭇가지에 앉아 있다는 사실을 마음으로 믿고 그냥 지나간다고 합니다.[3] 올려다보고 싶지만 올려다보지 않는 것, 부엉이에 대한 배려입니다. 배려와 돌봄으로 서로에 대해 책임을 질 때 세상은 아름다워집니다.

대안 공동체

세상에 가득 차 있는 하나님의 신비에 눈을 뜨기 시작하는 순간 우리를 사로잡고 있던 헛헛함은 사라집니다. 하나님의 은총에 눈을 뜬 사람은 헛된 욕망에 휘둘리지 않을 수 있습니다. 하지만 홀로는 어렵습니다. 그렇기에 주님은 우리에게 공동체를 주셨습니다. 새로운 삶에 눈을 뜬 사람들이 모여 서로 격려하고, 협동하고, 새로운 삶의 모델을 만들어가야 합니다. 늘 드리는 말씀이지만, 자본주의가 우리에게서 빼앗아가는 것은 '다른 삶에 대해 상상하는 능력'입니다. 마을 공동체 살리기를 통해 품위 있고 즐거운 삶을 모색하는 이들이 늘고 있습니다. 재능 기부와 같이 돈을 매개로 하지 않는 모임도 늘어나고 있습니다. 협동조합 운동도 활성화되고 있습니다. 이반 일리히(Ivan Illich, 1926-2002)가 말하는 자율적 공생conviviality의 삶이 바야흐로 전개되고 있다는 말입니다.

출애굽 공동체는 소수의 행복을 위해 다수를 희생시키는 애굽의 대안으로 등장했습니다. 광야에서 그들은 하늘에서 내리는 만나를 나누어 먹었습니다. 지배와 착취가 아니라 나눔과 돌봄에 근거한 세상의 꿈은 그렇게 탄생했던 것입니다. 예수님은 로마 제국에 맞서 하나님 나라 운동을 벌이셨습니다. 사회적 약자들이 굴욕감을 느끼지 않는 세상, 사람들이 밥을 함께 나누어 먹고, 서로의 약함을 돌보아 주고, 삶을 함께 경축하며 사는 것, 그것이 예수님이 꿈꾸신 세상이었습니다. 그렇게 살 때 우리는 비로소 생태계에 부담을 덜 주며 살게 됩니다. 호세아는 사람과 사람 사이의 관계가 회복될 때 하나님이 열어 주시는 새 세상의 모습을 이렇게 설명하고 있습니다.

> 그날에 내가 응답할 것이다. 나 주의 말이다. 나는 하늘에 응답하고, 하늘은 땅에 응답하고, 땅은 곡식과 포도주와 올리브기름에 응답하고, 이 먹거리들은 이스르엘에 응답할 것이다(호 2:21-22).

하늘과 땅이 서로 호응하고, 땅과 곡식이 응답하는 세상, 바로 평화의 세상입니다. 우리는 이런 세상을 열어가도록 부름 받은 사람들입니다. 하나님의 은총의 신비에 눈을 뜨십시오. 척박한 이 세상 현실을 명랑하게 돌파하십시오. 없는 것을 애달파하기보다는 지금 주어진 것에 감사하며 사십시오. 돈이 많은 부자가 되기보다는 누군가를 진심으로 아끼고 사랑하는 나눔의 부자가 되려고 하십시오. 자족하는 마음이야말로 우리가 발견해야 할 삶의 보화입니다. 자족은 우리에게 정신적 자유라는 선물을 안겨 줍니다. 이런 소중한 선물로 인해 날마다 감사하는 우리가 되기를 기원합니다.

정의와 환대

가끔 인생은 미로와 같다는 생각이 들 때가 있습니다. 중심에 가까이 이르렀다 싶은 순간 중심으로부터 멀어지고, 멀어졌다 싶은 순간 중심을 향한 길이 열리기도 합니다. 중요한 것은 중심을 향한 그리움을 간직하고 사는 것입니다. 오늘도 우리의 푯대이신 그리스도의 마음에 가까이 다가서고 계십니까? 세상의 모든 강이 바다를 그리워하여 아래로 아래로 흐르듯이, 그리스도를 향해 나아가는 이들은 낮은 곳을 지향해야 합니다. 이웃이 겪는 아픔을 함께 아파하고, 그들의 눈물을 닦아 주려 할 때 우리는 비로소 그리스도의 강물에 몸을 싣게 됩니다. 예수를 믿는다는 것은 주님의 꿈을 우리의 꿈으로 삼고, 주님이 아파하시는 것을 함께 아파하고, 주님이 하시려는 일을 수행한다는 뜻입니다. 그분의 삶과 동떨어진 삶을 살면서 예수를 믿는다고 고백하는 것은 일종의 허위의식일 뿐입니다.

신앙이 허위의식이 될 때, 세상 사람들은 우리에게서 악취를 맡습니다. 바울 사도는 일찍이 우리는 그리스도의 향기(고후 2:15)라고 말했습니다. 꽃이 피면 향기는 절로 퍼져 나갑니다. 대상을 가리지도 않습니다. 우리 내면에 그리스도라는 꽃이 피었다면 아무리 숨기려 해도 사람들이 먼저 우리의 존재를 알아차릴 것입니다. 그러나 꽃의 보람은 수정受精, fertilization 되어 열매를 맺는 데 있습니다. 오늘 우리 삶에 열매가 없다면 그것은 어느 결에 우리 신앙생활이 습관이 되었기 때문일 것입니다. 저어 주지 않으면 더껑이(걸쭉한 액체의 거죽에 생기는 엉겨 굳거나 말라서 생긴 껍질)가 앉는 팥죽처럼, 우리 마음도 적절한 자극을 통해 날마다 새롭게 하지 않으면 익숙한 길, 편한 길, 넓은 길만 선택하게 마련입니다.

주전 8세기의 예언자 호세아가 전하는 말씀이 오늘 우리에게 큰 도전이 됩니다. 호세아는 세계정세의 변동 속에서 상대적으로 호황을 누리던 여로보암 2세와 그 이후 세대를 향해 하나님의 메시지를 전했습니다. 늘 전쟁의 위협에 시달리던 이스라엘에 모처럼의 평화가 찾아왔습니다. 춘추전국시대의 현인인 노자는 도덕경 30장에서 "군사가 주둔하던 곳에는 가시엉겅퀴가 자라나고 큰 전쟁 뒤에는 반드시 흉년이 따르게 된다師之所處 莉棘生焉 大軍之後 必有凶年"고 말했습니다. 여로보암 2세 시대는 전쟁과 또 다른 전쟁 사이의 휴지기 같은 시대였습니다. 경제는 호황을 누렸고, 새로운 의욕이 일어났습니다. 하지만 모두가 행복하지는 않았습니다. 가난한 사람은 여전히 가난했고, 힘 있는 이들의 억압과 착취는 멈출 줄 몰랐습니다. 호세아는 자기 시대를 가리켜 진실과 사랑이 사라진 시대, 하나님을 아는 지식이 사라진 시대라 진단합니다. 경제적으로 풍요로웠던 그 시대는 오히려 저주, 사기, 살인, 도둑질, 간음, 살육, 학살의 시대였다는 것입니다(호 4:1-2). 사람들은 하나님과의 언약을 어기고 하나님을 배반했습니다(호 6:7). 사회 정의는 무너졌고, 종교도 제 역할을 하지 못했습니다. 풍요로움이 덫이 된 셈입니다.

기브아에서의 죄

하나님은 이스라엘의 죄의 뿌리가 매우 깊다고 말씀하십니다.

이스라엘아, 너는 기브아에 살던 때부터 죄를 짓기 시작해서 이제까지 죄를 짓고 있다. 거기에서부터 나에게 반항하였으니, 어찌 전쟁이 기브아에서 죄짓는 자에게 미치지 않겠느냐? 내가 원하는 그 때에 이 백성을 쳐서 벌하겠다. 이방 나라들도 나와 함께 이 백성을 친 것이다. 나 주를 떠나고 우상을 섬긴 이 두 가지 죄를 벌하겠다. 한때 에브라임은 길이 잘 든 암소와 같아서, 곡식을 밟아서 잘도 떨었다. 그러나 이제 나는 그 아름다운 목에 멍에를 씌워 에브라임은 수레를 끌게 하고, 유다는 밭을 갈게 하고, 야곱은 써레질을 하게 하겠다. 내가 일렀다. '정의를 뿌리고 사랑의 열매를 거두어라. 지금은 너희가 주를 찾을 때이다. 묵은 땅을 갈아 엎어라. 나 주가 너희에게 가서 정의를 비처럼 내려 주겠다.' 그러나 너희는 밭을 갈아서 죄악의 씨를 뿌리고, 반역을 거두어서 거짓의 열매를 먹었으니, 이는 네가 병거와 많은 수의 군인을 믿고 마음을 놓은 탓이다. 그러므로 네 백성을 공격하는 전쟁의 함성이 들려 올 것이다. 벳아벨이 살만에게 공격을 받고 파괴된 날과 같이, 너의 요새들이 모조리 파괴될 것이다. 그 날에 자식들이 박살 난 바로 그 바위 위에서 어머니들마저 박살 나지 않았느냐? 베델아, 내가 그것과 똑같이 너희들에게 하겠다. 너희가 지은 심히 무서운 죄악 때문에 그렇다. 이스라엘 왕은 전쟁이 시작되는 새벽녘에 틀림없이 잡혀 죽을 것이다(호 10:9-15).

그들이 기브아에서 살던 때부터 죄를 짓기 시작하더니, 급기야는 하나님께 반항까지 하더라는 것입니다. 기브아에서 대체 어떤 일이 벌어진 것일까요? 사사기 19장 이하를 참고해야 합니다. 에브라임 산골에 살고 있던 레위 사람 하나가 베들레헴에서 한 여자를 첩으로 맞아들였습니다. 그런데 무슨 일 때문인지는 모르겠지만 그 여인이 화가 나서 친정으로 돌아가고 말았습니다. 그 레위인은 처가에 가서 여인을 잘 달래 집으로 데려가게 되었습니다. 먼 행로 가운데 그들은 베냐민 지파의 땅 기브아에 당도했습니다. 한 노인이 그들을 자기 집으로 맞아들여 주었습니다. 그런데 저물녘 성읍의 무뢰배들이 찾아와 나그네와 재미를 좀 보겠다면서 그들을 내놓으라고 요구합니다. 주인은 자기 집에 오신 손님에게 그럴 수는 없다면서 그들을 달래 보려 하지만 무뢰배들은 좀처럼 물러날 생각이 없었습니다.

다급해진 레위 사람은 자기 첩을 그들에게 내줍니다. 참 무책임한 처사입니다. 무뢰배들은 그 여인을 밤새도록 윤간했습니다. 새벽녘에 여인은 그 노인의 집 앞에 버려졌고 얼마 지나지 않아 숨을 거두고 말았습니다. 조금 끔찍한 이야기인데, 레위인은 첩의 시신을 토막 내 이스라엘의 온 지역으로 보냈습니다. 다른 지파 사람들은 그런 참담한 일이 벌어진 현실을 개탄하면서 베냐민 지파를 상대로 전쟁을 벌였습니다. 사사기의 저자가 이런 끔찍한 일을 자기 책의 말미에 기록한 것은 중앙집권적인 권력의 필요성을 암시하기 위한 것으로 보입니다만, 어쨌든 호세아는 자기 시대 사람들에게 이 사건을 상기시키고 있습니다. 기브아에서 벌어진 만행이 그 시대에도 재현되고 있다는 것 말입니다. 풍요의 환상에 빠져 사람들이 서로를 귀히 여기지 않는 세상, 존엄한 인간을 쾌락의 수단으로 여기는 세상, 낯선 이들을 환대하지 않는 세상은 멸망을 앞둔 사회라고 말하는 것입니다.

인류학자인 김현경 선생은 '인간'과 '사람'을 구별해서 설명합니다. '인간'은 자연적 사실의 문제입니다. 생명을 받아 태어난 사람은 누구나 다 인간이라는 말입니다. 그러나 '사람'은 '사회적 인정의 문제'입니다. 인간이 사람이 되기 위해서는 누군가가 그의 이름을 불러 주고, 그가 머물 자리를 마련해 주어야 합니다. 설 자리를 배정받지 못한 이들, 사회나 집단이 어떤 선택을 하든 늘 고려의 대상이 되지 않는 이들은 '사람'으로 취급받지 못한다고 할 수 있겠습니다. 누군가에게 설 자리를 마련해 주는 것이야말로 환대입니다. 그 집단에서 가장 연약한 사람, 자기 목소리를 갖지 못한 사람이 안심하며 머물 수 있도록 배려하는 사회가 건강한 사회입니다. 기브아에서부터 시작된 죄란 환대의 의무를 저버린 채 형제와 자매를 수단으로 삼은 것이라 할 수 있습니다. 그런데 그것은 그를 지으신 하나님에 대한 모독이요 거역입니다.

호세아는 에브라임의 죄를 '주님을 버리고 바알을 섬긴 것'이라는 말로 요약하고 있습니다. 풍요의 환상에 사로잡히는 순간 우리는 하나님께 등을 돌리게 마련입니다. 길이 잘 든 암소 같아서 타작하기를 좋아했던 에브라임이 이제 죄악의 도성으로 변하고 말았습니다. 그런 세상을 하나님은 못 본 척하지 않으십니다. 호세아는 하나님이 그들의 목에 멍에를 씌워 남의 수레를 끌고, 밭을 갈고, 써레질을 하게 하실 것이라고 말합니다. 하나님의 뜻을 저버린 이들의 운명이 그와 같습니다.

그릇된 믿음

하나님의 백성이라 불리는 이들이 어쩌다 이 지경에 이른 것일까요? 호세아의 진단은 매우 예리합니다. "그러나 너희는 밭을 갈아서 죄악의 씨를 뿌리고, 반역을 거두어서 거짓의 열매를 먹었으니, 이는 네가 병거와 많은 수의 군인을 믿고 마음을 놓은 탓이다"(호 10:13). 문제의 뿌리는 병거와 많은 수의 군인을 믿은 데 있습니다. 결국 자기 힘에 대한 과신이 문제라는 말입니다. 매사가 자기 뜻대로 이루어지면 사람들은 오만에 빠져 하나님을 염두에 두지 않습니다. 우리 삶에 가끔 실패와 곤경이 찾아오는 것은 우리가 한낱 인간이라는 사실을 일깨워 주려는 것인지도 모르겠습니다. 전도서의 기자는 인간의 자부심이라는 것이 얼마나 부질없는 것인지를 밝혀 보여 줍니다.

> 나는 세상에서 또 다른 것을 보았다. 빠르다고 해서 달리기에서 이기는 것은 아니며, 용사라고 해서 전쟁에서 이기는 것도 아니더라. 지혜가 있다고 해서 먹을 것이 생기는 것도 아니며, 총명하다고 해서 재물을 모으는 것도 아니며, 배웠다고 해서 늘 잘되는 것도 아니더라. 불행한 때와 재난은 누구에게나 닥친다(전 9:11).

다소 비관적으로 들리는 것도 사실이지만 전도자가 하고 싶은 말은 자기 힘과 능력에 대한 헛된 자만심을 경계하라는 말일 것입니다. 잠언에서 반복되어 나오는 말처럼 계획은 사람이 세우지만 이루게 하는 분은 하나님이십니다. 실패를 경험해 본 사람은 이 말에 깊이 공감합니다. 자기를 강화하고 싶은 욕망 때문에 사람들은 밭을 갈아 죄악의 씨를 뿌리고, 반역을 거두어 거짓의 열매를 먹습니다. 그런 삶의 마지막은 멸망입니다. 호세아는 전쟁의 함성이 들려오고 요새가 무너지는 날이 올 거라고 말합니다. 자식들이 박살난 바위 위에서 어머니들마저 박살나고 말 것이라고 합니다. 상상하는 것만으로도 두려운 장면입니다. 호세아의 예언은 마침내 베델의 운명에 이릅니다.

> 베델아, 내가 그것과 똑같이 너희들에게 하겠다. 너희가 지은 심히 무서운 죄악 때문에 그렇다. 이스라엘 왕은 전쟁이 시작되는 새벽녘에 틀림없이 잡혀 죽을 것이다(호 10:15).

베델은 이스라엘 종교의 중심지입니다. 사람들이 하나님을 만나기 위해 찾아오곤 하는 순례의 성지입니다. 그러나 그곳에서 벌어지는 불경한 일들로 말미암아 하나님은 그곳을 무너뜨리시려 합니다. 거룩해야 할 곳이 죄로 얼룩질 때 하나님은 가차 없이 그곳을 치십니다. 이스라엘의 왕들은 하나님의 도우심을 얻지 못할 것입니다. 전쟁이 시작되는 새벽녘에 잡혀 죽을 것입니다. 새벽녘은 성경에서 전통적으로 하나님의 구원과 승리가 도래하는 시간을 상징합니다. 하지만 호세아는 그런 사람들의 기대를 뒤엎고 있습니다. 이런 운명을 맞이하지 않으려면 어떻게 해야 할까요?

묵은 땅을 갈아엎을 때

답은 단순하고도 명료합니다. "정의를 뿌리고 사랑의 열매를 거두어라. 지금은 너희가 주를 찾을 때이다. 묵은 땅을 갈아엎어라. 나 주가 너희에게 가서 정의를 비처럼 내려 주겠다"(12절). 핵심은 정의입니다. 여기서 말하는 정의는 '무릎을 꿇고 사느니보다 서서 죽기를 원하노라' 하는 비장한 결의를 말하는 게 아니라, 어려운 이들과 좋은 것을 함께 나누려는 마음과 관련된 것입니다. 이웃들을 나와 무관한 사람으로 보지 말고 함께 살아가야 할 소중한 존재로 보는 것이 정의의 시작입니다. 그도 인간다운 삶을 누릴 권리가 있다는 사실을 받아들이고, 그의 몫을 그에게 돌려주는 것이 바로 호세아가 말하는 정의입니다. 그 정의의 열매가 사랑인 것은 그 때문입니다. 정의를 뿌리고 사랑의 열매를 거두는 삶은 어떻게 가능할까요? 우리가 하나님을 찾을 때 가능합니다. 지금 우리가 해야 할 일은 하나님의 뜻을 여쭙고, 그 뜻을 온몸으로 받드는 것입니다.

하나님의 뜻은 세상의 바람처럼 다가와 무감각한 우리의 영혼을 흔들어 깨우기도 하고, 망치처럼 다가와 우리의 못난 자아를 무너뜨리기도 합니다. 주님 안에서 새로운 삶을 살기 원한다면 순간순간 묵은 땅처럼 굳어진 우리 마음을 갈아엎어야 합니다. 딱딱하게 굳어진 땅은 씨앗을 품지 못하는 법입니다. 예레미야는 똑같은 메시지를 "마음의 포피를 잘라 내어라"(렘 4:4)는 말 속에 담아냅니다. 새로움은 언제나 아픔을 동반합니다. '새로울 신新'은 '설 립立' '나무 목木' '도끼 근斤' 자로 이루어져 있습니다. 서 있는 나무를 도끼날로 내려칠 때 나무가 느끼는 아픔 혹은 그때 번져 나오는 생생한 향기와 같은 것이 새로움입니다. 우리 존재가 새로워지기 위해서는 버려야 할 것을 버리지 않으면 안 됩니다. 그래서 믿음을 결단이라고 하는 것입니다. 가르고 끊는 것이 바로 결단입니다.

우리가 그렇게 하나님의 뜻을 받들기 위해 애쓸 때, 하나님은 이 땅에 정의를 비처럼 내려 주실 것입니다. 이웃들을 증오하고, 배제하고, 냉소하고, 함부로 대하는 일들을 내려놓으십시오. 서로 아끼고 보살피고 존경하십시오. 심고 물을 주는 것은 우리의 일이지만 자라게 하는 분은 하나님이십니다. 우리가 심는 씨가 죽은 것이 아니라면, 지금 당장은 아니라 해도 그 씨앗이 싹 트고 자라서 열매로 맺힐 날이 올 것입니다. 믿는 이들은 눈에 보이지 않는 그런 세상을 앞당겨 보는 사람들입니다. 스피노자는 사과 한 알 속에서 과수원을 보는 게 믿음이라고 말했습니다.

일찍이 시편 기자는 사람들이 꿈꾸는 세상의 모습을 이렇게 서술한 바 있습니다. '사랑과 진실이 만나고, 정의는 평화와 서로 입을 맞추는 세상, 진실이 땅에서 돋아나고, 정의는 하늘에서 굽어보는 세상'(시 85:10-11). 우리는 이런 세상을 온힘을 다해 지향하라고 부름 받은 사람들입니다. 우리가 바라는 세상은 저절로 오는 것이 아니라, 점점 묵정밭으로 변해 가는 자기 마음 밭을 갈아엎으며, 정의의 씨를 뿌리는 이들을 통해 느리지만 확실하게 다가옵니다. 그러한 땀 흘림의 현장이야말로 진정한 예배의 자리입니다. 너무 늦기 전에 정의의 씨를 심고 사랑의 열매를 거두는 일에 동참하시기를 기원합니다.

성찰과 결단_____

혹시 메두사^{Medusa}라는 이름을 들어 보신 적이 있습니까? 그리스 신화에 나오는 인물로 대단히 위험한 여인입니다. 메두사는 신의 저주로 인해 고왔던 머리카락이 모두 뱀으로 변했고, 이는 멧돼지의 엄니처럼 변해 버렸습니다. 저주는 외모를 변모시키는 데 그치지 않았습니다. 메두사와 눈이 마주치는 사람은 누구나 돌로 변했습니다. 그러니 그는 기피 대상이었습니다. 자기 처지에 대한 비관과 외로움은 그녀를 점점 더 괴물로 만들었습니다. 세상의 누구와도 눈을 마주칠 수 없다는 사실처럼 큰 벌이 없는 것 같습니다.

눈은 '마음의 창'이라는 말이 있습니다. 두려움이나 거짓, 사심이나 거리낌이 없을 때 우리는 편안하게 상대방의 눈을 바라봅니다. 하지만 관계에 이상이 생길 때마다 우리 눈은 살짝 흔들립니다. 핏발 선 눈, 섬뜩한 눈, 이글거리는 눈, 흐릿한 눈, 초점을 잃은 눈과 마주하는 일은 늘 고통입니다. 반면, 넉넉하지만 깊고 깊지만 따뜻하고 따뜻하지만 진실한 눈을 보면 저절로 마음이 맑아집니다.

눈은 몸의 등불이다. 그러므로 네 눈이 성하면 네 온몸이 밝을 것이요, 네 눈이 성하지 못하면 네 온몸이 어두울 것이다. 그러므로 네 속에 있는 빛이 어두우면, 그 어둠이 얼마나 심하겠느냐? 아무도 두 주인을 섬기지 못한다. 한쪽을 미워하고 다른 쪽을 사랑하거나, 한쪽을 중히 여기고 다른 쪽을 업신여길 것이다. 너희는 하나님과 재물을 아울러 섬길 수 없다(마 6:22-24).

예수님은 산상수훈의 말씀에서 '눈은 몸의 등불'이라고 말씀하십니다. '눈은 마음의 창'이라는 말과 유사하면서도 다른 표현입니다. 여기서 말하는 몸은 육체를 가리키는 말이라기보다는 유한한 인간의 삶 전체를 이르는 말입니다. 눈이 몸의 등불이라는 말을 바르게 이해하기 위해서는 "네 눈이 성하면 네 온몸이 밝을 것이요, 네 눈이 성하지 못하면 네 온몸이 어두울 것이다"라는 말씀과 함께 읽어야 합니다. 우리는 시각, 청각, 후각, 미각, 촉각이라는 오감을 통해 들어오는 외적 정보를 조합해 세상과 만나고 소통합니다. 오감 가운데서 어떤 감각에 유난히 예민한 이들도 있지만, 보통 사람들에게는 시각이 중요한 역할을 합니다. 우리 시대는 특히 시각이 독주하는 시대라 해도 과언이 아닐 것입니다. 사람들은 '보다'는 뜻의 영어 단어 'look'에다가 '주의'를 뜻하는 'ism'을 덧붙여 외모지상주의라는 뜻의 루키즘lookism이라는 말을 만들어 냈습니다. 사람들은 '외모가 경쟁력'이라느니 '예쁘면 다 용서된다'는 말을 부끄러운 줄도 모르고 사용합니다. 학생들에게 여름방학 동안 하고 싶은 일이 뭐냐고 묻자 많은 학생들이 '외모 업그레이드'라고 대답했다고 합니다. 왜 세상이 이렇게 되었지요? 눈이 성치 않아 온몸이 어두워졌기 때문입니다.

옛 사람들은 밖으로 향한 눈보다는 안으로 열린 눈을 더 중요하게 여겼습니다. 자기를 살피고 또 살피는 성찰省察이야말로 사람됨의 기본이라 할 수 있습니다. 성찰은 물론 고독의 시간을 필요로 합니다. 그런 의미에서 늘 누군가와 접속 중인 이들은 성찰적 존재가 되기 어렵습니다. 어쩌면 성찰의 시간을 견딜 수 없어 누군가와 접속을 갈구하는 것인지도 모르겠습니다. 그런데 자기 속에 있는 약함, 상처, 그림자, 부끄러움 등을 살필 용기가 없는 사람일수록 남들에게 가혹한 법입니다. 그들은 늘 남의 눈에 있는 티끌을 찾아내기 위해 두리번거립니다. 작은 티끌이라도 찾아내면 그것을 집요하게 물고 늘어집니다. 하지만 그것은 모두 자기 허물을 가리려는 가련한 시도일 뿐입니다. 하나님께 늘 기도를 바치며 사는 이들조차 성찰적이지 못하다는 사실이 제게는 늘 아픔입니다. 기도란 하나님의 뜻과 마음을 거울 삼아 자기를 돌아보는 것입니다.

예수의 눈

하나님 앞에서 성찰적인 삶을 사는 이들은 남들의 허물을 찾고 또 지적하는 저열한 쾌락을 추구하지 않습니다. 물론 예수님도 바리새인들과 율법학자들의 위선을 준엄하게 꾸짖으셨습니다. 하지만 그것을 통해 당신의 의로움을 드러내려 하지는 않으셨습니다. 다만 그들이 쓰고 있던 위선의 탈을 벗기시려 했던 것입니다. 예수님은 사람들의 상처와 나약함을 지적하고 정죄하시기보다는 그것을 사랑으로 부둥켜안으셨습니다. 때로는 몰아치는 강풍으로, 때로는 따스한 사랑으로 사람들을 참 삶의 길로 이끄셨다는 말입니다.

거기에 그치지 않고, 사람들 속에 있는 가장 아름다운 것을 발견하고 그들을 불러 주셨습니다. 시몬이라는 갈릴리의 어부에게서 베드로를 보셨고, 무화과나무 아래에 있던 우국지사 나다나엘에게서 간사한 것이 없는 참 사람을 보셨습니다. 마치 미켈란젤로가 돌 속에 갇힌 형상을 해방시켰던 것처럼, 사람들 속에 있지만 아직 실체를 얻지 못한 참 사람과 하나님 나라를 향한 꿈에 형태를 부여하셨습니다. 어부들과 세리, 그리고 열심당원 등 사회의 주변인들, 주류세계로부터 소외된 이들을 한데 엮어 아롱진 새 세상의 꿈을 자아내셨습니다. 눈이 밝다는 것은 이런 것입니다.

철학자인 박이문 선생님은 철학을 '둥지'로 설명합니다. 새들은 마른 풀, 지푸라기, 작은 나뭇가지들을 부리로 물어다가 정교하게 엮어 포근한 보금자리를 만들고 그 속에 알을 낳은 후 생명을 품습니다. 철학도 이질적인 것들을 그러모아 튼실한 사유의 집을 짓는 것을 목표로 한다는 뜻입니다. 그렇다면 신앙은 더욱 그러해야 하지 않겠습니까? 그러고 보니 예수님이야말로 둥지를 짓는 새였다는 생각이 듭니다. 출신 배경도 지향점도 성격도 각각인 이들을 불러 모아 모두가 형제자매로 살아가는 새로운 공동체를 빚으셨으니 말입니다.

제1성서에서 예언자를 가리키는 말 가운데 하나는 '선견자'입니다. '먼저 선先' 자가 있어서 앞날을 예견하는 것이 그들의 주특기처럼 생각되지만 그들은 제대로 '보는 사람들'이었습니다. 굳이 다르게 표현하자면 '깨달은 사람' 즉 '각자覺者'라고 할 수 있겠습니다. 그들은 하나님의 눈으로 세상과 역사를 보는 이들이었습니다. 성도들은 신문이나 언론 보도를 통해 정보를 얻지만, 세상이나 사건에 대한 판단은 성경 말씀에 근거해야 합니다. 우리는 성경이라는 렌즈를 통해 세상을 봅니다. 성경은 하나님을 '감찰하시는 분'으로 표현합니다.

하나님은 땅에서 벌어지는 일에 관심이 많으십니다. 하나님은 주인 사라에게 쫓겨나 광야를 배회하고 있던 하갈의 억울한 사정을 보셨고, 히브리인들이 겪고 있는 고난의 현실을 보셨습니다. 하나님의 '보심'은 사건을 일으킵니다. 하나님은 세상에 정의를 세우기 위해 개입하십니다. 프란치스꼬 교황이 브라질에 갔을 때 젊은이들에게 교회 밖으로 나가 정의를 위한 투쟁을 하라고 촉구했습니다. 놀라운 변화입니다. 히브리의 시인들은 "하나님, 일어나십시오. 주님의 소송을 이기십시오. 날마다 주님을 모욕하는 어리석은 자들을 버려두지 마십시오."(시 74:22) 하고 기도합니다.

제대로 보는 사람이라야 삶이 비루해지지 않습니다. 마음의 빛이 흐려져 제대로 보지 못할 때 우리는 세상에 휘둘리게 됩니다. 다른 사람의 평가에 연연합니다. 자유인이 아니라 노예가 되어 삽니다. 눈이 밝아야, 제대로 볼 줄 알아야, 세상의 인력에 속절없이 끌려다니지 않습니다.

예속된 삶

본문은 눈이 성하지 않으면 온몸이 어두울 것이라고 말합니다. 온몸이 어둡다는 말은 자기 인생의 때를 분별하지 못하고 산다는 말입니다. 한 마디로 말해 철이 없다는 말입니다. 전도서 기자가 말하듯이 모든 일에는 때가 있습니다. 심을 때가 있으면 거둘 때가 있고, 세울 때가 있으면 허물 때가 있고, 웃을 때가 있으면 울 때가 있고, 나아갈 때가 있으면 물러서야 할 때도 있습니다.

때를 알고 살면 무의미한 순간은 없습니다. 쓰라림이야 없을 수 없지만 그 때문에 절망하지는 않습니다. 어둠이 지극하면 빛이 다가옴을 알기 때문입니다.

눈과 몸의 상관관계를 가르치던 본문은 느닷없이 '아무도 두 주인을 섬기지 못한다'고 말합니다. 눈이 어두우면 참 주인을 모시기 어렵습니다. 본문에서 언급하고 있는 섬김의 대상은 둘입니다. 하나는 하나님이고, 다른 하나는 재물입니다. '섬기다'로 번역된 헬라어 '둘류오$δουλεω$'는 봉사와 섬김을 뜻하는 '디아코네오'와는 조금 달리 쓰이는 단어입니다. 둘류오는 뭔가에 예속된 상태를 이르는 말입니다. 흥미로운 사실은, 똑같은 예속 상태가 하나는 자유를 주고 다른 하나는 부자유를 야기한다는 것입니다. 우리 삶이 하나님과 접속되어 있을 때 우리는 깊은 자유와 안식과 기쁨을 누립니다. 우리가 느끼는 불안과 공포는 하나님과의 접속이 단절된 데서 오는 경우가 많습니다.

하지만 재물을 섬기는 사람은 진정한 자유를 누릴 수 없습니다. 물론 돈으로 할 수 있는 일은 많습니다. 돈은 우리에게 무엇이나 할 수 있는 자유를 주는 것 같기도 합니다. 하지만 그것은 허상에 지나지 않습니다. 바닷물을 들이키면 목마름이 심해지듯 돈에 집착하는 이들은 노예입니다. 집착은 내가 붙들고 있는 것처럼 보이지만 사실은 사로잡힌 상태입니다. 그렇기에 벗어나기 어렵습니다. 욕망과 집착의 뿌리는 결핍감입니다. 결핍감에 시달리는 사람은 그것을 채우기 위해 이웃의 삶에 무관심해집니다. 이웃과의 관계가 단절되면 고독이 찾아옵니다. 고독하기 때문에 더욱 소유에 집착하게 됩니다. 악순환입니다.

지금 제 귀에는 여호수아의 외침이 우렁우렁하게 들려옵니다. 치열한 전투 끝에 가나안 땅을 차지하고 각 지파에게 땅을 분배해 준 여호수아는 그들이 함께 해 온 시간을 반추합니다. 삶의 고비마다 함께 하시고, 그들이 일구지 않은 땅에 살게 하시고, 세우지 않은 성읍에서 살게 하신 하나님의 은혜를 잊지 말라고 권고합니다. 주님을 경외하면서 성실하고 진실하게 주님을 섬겨야 한다는 것이었습니다. 하지만 선택은 언제나 그들의 몫입니다. 그래서 여호수아는 말합니다.

당신들이 어떤 신들을 섬길 것인지를 오늘 선택하십시오. 나와 나의 집안은 주님을 섬길 것입니다(수 24:15).

날마다 새롭게

신앙은 결단입니다. 결단은, 버릴 것은 버리고 붙들 것을 확고하게 붙드는 것입니다. 한번 정하면 굳건히 지키는 것입니다 主一無適. 하나님을 섬길 것인가, 재물을 섬길 것인가? 우리는 양자택일 앞에 서 있습니다. 사람들이 재물의 신인 맘몬에게 속절없이 끌려다니는 이유는 자기 내면이 헛헛하기 때문입니다. 자기 속이 든든한 사람은 어지간한 유혹에 넘어가지 않습니다. 저는 신앙인이란 '일상의 신비가'가 되어야 한다고 생각합니다. 우리 일상 속에 깃든 하나님의 숨결을 느낄 수 있는 영적 예민함이 회복되어야 합니다. 그러기 위해서는 자꾸만 일상의 흐름을 끊고 멈춰 서야 합니다. 나태주 시인의 〈풀꽃〉이라는 짧은 시는 전 국민의 애송시가 되었습니다.

자세히 보아야 예쁘다.
오래 보아야 사랑스럽다.

너도 그렇다.

단순하지만 울림이 큰 시입니다. 사실 그렇습니다. '자세히' 보고, '오래' 보아야 비로소 사물이나 사람의 진면목이 드러납니다. 우리는 대충, 흘깃 바라봅니다. 그래서 아무 것도 보지 못합니다. 그래서 세상을 두리번거리며 삽니다. 시간의 향기를 느끼지 못합니다. 우리 일상을 가득 채우고 있는 하나님의 숨결과 만나는 사람의 얼굴은 환하고 마음은 관대합니다. 말끝마다 '하나님의 뜻', '하나님의 영광'을 달고 살면서도 얼굴빛이 어둡고 속 좁은 이들이 많습니다. 이제는 '언제나 어디서나 기독교인'으로 살기 위해 노력해야 합니다.

섬마을 콘서트를 열어 도서 지역의 주민들에게 고전 음악을 즐길 기회를 만들고 있는 피아니스트 백건우 선생께 어느 기자가 지금도 열심히 연습하시느냐고 물었습니다. 백건우 선생은 그렇다면서 이렇게 대답했습니다.

연주자라면 당연히 연습을 게을리 해서는 안 된다. 나는 매일 꾸준히 5~6시간 연습한다. 그 이유는 수준을 유지하려는 것이 아니라 항상 음악이 새로워져야 하기 때문이다.

그는 이미 대가입니다. 그런데도 그는 음악이 늘 새로워져야 하기 때문에 하루에 5~6시간 연습을 한다고 합니다. 여러분은 기독교인이 되기 위해 하루에 몇 시간이나 노력하고 계십니까? 지금 여러분의 눈은 어둡지 않습니까? 보아야 할 것은 보지 않고, 보지 않아도 괜찮은 것에 시선을 고정시킨 채 살고 있지는 않습니까? 우리도 메두사처럼 눈빛으로 누군가를 돌로 만들어 버리고 있는 것은 아닙니까? 지금 우리 삶의 주인은 누구입니까? 여러분은 마땅히 버려야 할 것을 버렸습니까? 버릴 것을 버려야 꼭 붙들어야 하는 것을 붙들 수 있습니다. 이 자리에 계신 모든 분들이 눈빛 맑은 자유인이 되어, 만나는 모든 이들에게 하나님의 아름다우심을 상기시키는 이들이 되기를 기원합니다.

위로와 긍휼

이틀 전, 기가 막히는 소식을 접했습니다. 지난 주일에 함께 예배하며 찬양대를 지휘하셨던 우리 교회 지휘자 윤주원 권사님이 하나님의 부르심을 입었다는 것입니다. 이 땅에서 겨우 쉰다섯 해 사셨습니다. 너무 급작스럽게 부름 받아 가시느라, 이별의 말 한마디 못 나눴습니다. 유가족은 물론이거니와, 우리 청파 공동체의 충격도 이루 말할 수 없습니다. 그 어떤 말도 서로에게 온전한 위로를 나눌 수 없다는 걸 느낍니다. 부디 유가족에게 하늘 아버지의 위로하심과 긍휼하심이 임하기를 소망합니다.

    그날 밤 저는 아직 빈소를 마련하지도 못한 유가족을 뵙고, 집으로 돌아오는 길에 터널을 지나게 되었습니다. 한밤중이었기에 길이 막힐 이유가 없는 곳이건만, 차들은 거북이 걸음이었습니다. 추돌사고가 났나 싶었지만, 터널을 다 빠져나와 속도를 다시 회복할 때까지, 그 어떤 사고나 공사도 볼 수 없었습니다. 어두컴컴하고 이유를 알 수 없어 답답했던 그 터널이 꼭 그날과 같다는 생각이 들었습니다. 사방이 욱여쌈을 당하여 뚫고 나갈 구멍 하나 없고, 도무지 그 이

유조차 헤아릴 수 없어 가슴이 먹먹했으니까요. 주님, 어떻게 이러셨나요? 저희는 어찌해야 하나요?

황량한 삶의 터전

주전 6세기 중반, 바벨론에 포로로 잡혀가 있던 이스라엘 백성도 비슷한 아픔과 질문 속에 있었습니다. 영원히 이어지리라 여겼던 다윗 왕국이 무너졌고, 야훼 하나님이 계신다고 믿었던 예루살렘 성전은 불탔습니다. 개개인의 삶의 터전은 황량함 그 자체였습니다. 게다가 폐허일망정 고향에 살고 싶은 소망은 무참히 구겨졌습니다. 아버지의 땅, 조상 대대로 물려 내려온 땅, 공동체가 굳건히 삶을 견지했던 땅을 뒤로 하고, 먼 이방의 땅 바벨론에 포로로 잡혀 왔습니다. 한 해 두 해 그리고 십여 년의 시간이 흘러갔습니다. 그래도 해결될 기미는 보이지 않았습니다.

주님께서 그의 백성에게 이렇게 말씀하신다. "너희를 구원해야 할 때가 되면, 내가 너희에게 은혜를 베풀겠고, 살려 달라고 부르짖는 날에는, 내가 그 간구를 듣고 너희를 돕겠다. 내가 너희를 지키고 보호하겠으며, 너를 시켜서 뭇 백성과 언약을 맺겠다. 너희가 살던 땅이 황무해졌지마는, 내가 너희를 다시 너희 땅에 정착시키겠다. 감옥에 갇혀 있는 죄수들에게는 '나가거라. 너희는 자유인이 되었다!' 하고 말하겠고, 어둠 속에 갇혀 있는 사람들에게는

'밝은 곳으로 나오너라!' 하고 말하겠다. 그들이 어디로 가든지 먹 거리를 얻게 할 것이며, 메말랐던 모든 산을 그들이 먹거리를 얻 는 초장이 되게 하겠다. 그들은 배고프거나 목마르지 않으며, 무 더위나 햇볕도 그들을 해치지 못할 것이니, 이것은 긍휼히 여기시 는 분께서 그들을 이끄시기 때문이며, 샘이 솟는 곳으로 그들을 인도하시기 때문이다. 내가, 산에서 산으로 이어지는 큰길을 만들 고, 내 백성이 자유스럽게 여행할 큰길을 닦겠다. 보아라, 내 백성 이 먼 곳으로부터도 오고, 또 더러는 북쪽에서도 오고, 서쪽에서 도 오고, 아스완 땅에서도 올 것이다." 하늘아, 기뻐하여라! 땅아, 즐거워하여라! 산들아, 노랫소리를 높여라. 주님께서 그의 백성을 위로하셨고, 또한 고난을 받은 그 사람들을 긍휼히 여기셨다. 그 런데 시온이 말하기를 "주님께서 나를 버리셨고, 주님께서 나를 잊으셨다" 하는구나. "어머니가 어찌 제 젖먹이를 잊겠으며, 제 태 에서 낳은 아들을 어찌 긍휼히 여기지 않겠느냐! 비록 어머니가 자식을 잊는다 하여도, 나는 절대로 너를 잊지 않겠다. 보아라, 예 루살렘아, 내가 네 이름을 내 손바닥에 새겼고, 네 성벽을 늘 지켜 보고 있다(사 49:8-16).

이사야 선지자가 묘사하는 그들의 현실은 황무해진 땅 그 자체 입니다. 거기서는 그 어떤 것도 새로 시작할 수 없을 것만 같습니다. 아무런 희망이 없어 보입니다. 무심한 바람 소리만 윙윙거립니다. 또 그들은 감옥에 갇힌 죄수와 같습니다. 원하는 곳으로 자유로이 다닐 수 없습니다. 내 마음껏 할 수 있는 것이 하나도 없습니다. 그러니 영혼조차 짙은 어둠 속에 갇혔고, 도무지 숨을 쉴 수조차 없습니다. 발바닥 아래는 폐허요, 사방은 꽉 막혀 있으니, 그 마음이 회한과 탄식으로 시커멓게 타들어 갔습니다. 이제 더 이상 어찌할 방도가 없으니 다 포기할 수밖에 없다고 체념하고 넋을 놓은 채 널브러져 있습니다. 그러다가 앞으로 다가올 고통과 죽음 앞에 두려워 떨며 깜깜한 구석에서 몸을 웅크리고 있는, 바스러질 것 같은 존재가 그들이었습니다.

바로 그때, 제2이사야가 등장합니다. 그는 외칩니다. "나의 백성을 위로하여라!"(사 40:1) 하나님이 이제 전혀 새로운 세상을 열어 가시려고 한다는 외침입니다. 그들을 그 상태 그대로 내버려 두시지 않겠다는 하나님의 선포입니다. "살려 달라고 부르짖는 날에는, 내가 그 간구를 듣고 너희를 돕겠다. 내가 너희를 지키고 보호하겠으며"(사 49:8). 이사야의 입술을 통해 선포된 하나님의 이 말씀을, 이스라엘 백성이 온전히 신뢰할 때, 그들은 한 걸음 내딛을 용기를 가질 수 있었습니다.

하나님은 감옥에 갇힌 그들에게 "나가거라. 너희는 자유인이 되었다!"(49:9) 말씀하십니다. 어둠 속에 갇힌 그들에게 "밝은 곳으로 나오너라!"(49:9) 말씀하십니다. 하나님을 신뢰하는 자는 이 말씀으로 인해 감옥 안에서도 자유의 빛을 보고, 어둠 속에서도 밝은 빛을 봅니다.

　우리 하나님의 선포는 짙은 어둠에 한 줄기 환한 빛을 선사하시는 말씀입니다. 하나님은 천지를 창조하실 때, 말씀으로써 짙은 혼돈과 공허와 흑암을 깨시고 빛을 허락하셨습니다. 에스겔의 환상 속에서 하나님은 말씀으로써 즐비한 마른 뼈들에 생기를 불어넣으셨습니다. 하나님은 우리를 단순히 안심시키려고 달콤하게 말씀하시는 분이 아닙니다. 하나님의 말씀은 우리 안팎의 악한 모든 세력을 물리치시고 우리에게 새 숨결을 불어넣으십니다. 하나님은 변화를 일으키는 능력 있는 말씀을 통해 바벨론 포로로 잡혀 있는 이스라엘 백성을 위로하셨습니다.

　그렇습니다. 신뢰할 만한 존재의 진심어린 위로의 말은, 어둠 속에 있는 사람에게 빛을 비추어 그를 환하게 만드는 변화를 일으킵니다. 작년 초 제 아내의 몸이 많이 안 좋았습니다. 우리 공동체의 많은 분들이 위로해 주셨습니다. "목사님, 어떡해요. 그래도 제가 정말 많이 기도할게요. 사모님 좋아질 거예요" 하시며 제 손을 잡아 주신 할머니 권사님의 진심어린 위로. "목사님, 내가 어떡해서라도 사모님 꼭 고칠 거야"라시며 힘주어 손잡아 주시던 장로님의 위로. 작년 한 해 저와 제 아내는 평생 가장 많은 위로를 받았습니다. 그리고 저희는 몸으로 겪었습니다. 진심어린 위로의 말씀들은, 아무리 투박하게 표현되더라도, 그 안의 사랑과 진심의 에너지로 인해 크고 놀라운 능력을 발휘합니다. 그분들의 위로와 기도로, 저희 부부는 오늘도 숨을 쉬며 이곳에 살면서 감사할 수 있습니다.

부서지지 않는 위로

하나님의 위로의 말씀은 허공에 부서지지 않고 이스라엘 민족에게 새 소망과 힘을 공급했습니다. 오늘 이 순간 짙은 어둠 속에 계신 분이 있으시다면, 하나님의 말씀에서 위로를 받으십시오. 그리고 우리 곁 가장 가까이에서 울부짖고 있는 이들에게 진심어린 위로를 전하십시오. 더 나아가 이 시대의 아픔 속에서 분노하고 있는 사람들에게까지 하늘의 위로를 성심껏 전하십시오. 이사야 당시나 지금 이 시대에나, 주님과 주님을 따르는 자들의 위로는, 온갖 알 수 없는 고통과 억울한 아픔 속에 있는 사람들을 진정 도울 수 있습니다. 새롭고 희망찬 상황으로의 전환을 시작할 수 있도록 합니다. 우리가 하늘로부터 받고 이웃을 향해 전한 위로가 능력을 발휘하리라 저는 확신합니다.

그런데 이사야 49장의 말씀을 보면, 우리 하나님은 당신의 위로의 말씀을 이루기 위하여, 몸소 움직여 일하십니다. "그들이 어디로 가든지 먹거리를 얻게 할 것이며, 메말랐던 모든 산을 그들이 먹거리를 얻는 초장이 되게 하겠다. 그들은 배고프거나 목마르지 않으며, 무더위나 햇볕도 그들을 해치지 못할 것이니, 이것은 긍휼히 여기시는 분께서 그들을 이끄시기 때문이며, 샘이 솟는 곳으로 그들을 인도하시기 때문이다. 내가, 산에서 산으로 이어지는 큰길을 만들고,

내 백성이 자유스럽게 여행할 큰길을 닦겠다"(사 49:9b-11).

하나님은 백성을 지키고 보호하시겠다고, 이제 자유인이 되어 밝은 곳으로 나가라고 위로의 말씀을 하신 뒤에, 먹고 마실 거리 또한 직접 제공하십니다. 쉴 곳을 마련해 주십니다. 그들이 다닐 길을 닦으십니다. 긍휼하신 하나님은, 그들의 삶에 직접 개입해 주십니다. 위로의 말씀을 듣고 하나님을 신뢰하며 길을 떠난 이가, 도중에 쓰러지지 않고 마침내 이스라엘 땅에 귀향할 수 있도록 여건을 마련하십니다. 육체와 자연 환경이라는 제한을 지닌 연약한 인간을 하나님은 그냥 내버려 두시지 않고 실제적으로 도우심으로써, 그분의 위로의 말씀을 긍휼하신 행동으로 완성해 나아가시는 것입니다.

레이먼드 카버의 〈별것 아닌 것 같지만, 도움이 되는〉이라는 단편소설이 있습니다. 앤과 하워드 부부에게는 곧 여덟 살 생일을 맞이할 아들 스코티가 있습니다. 소설은 엄마가 아들의 생일 케이크를 주문 예약하고, 그 아이가 뺑소니 사고를 당하는 이야기로 시작됩니다. 의사는 그 애가 곧 깨어날 것이라고 했지만, 며칠간의 검사와 치료 끝에 결국 일어나지 못하고 세상을 떠납니다. 그런데 빵집 주인은 이미 제작해 두었으나 찾아가지 않는 생일 케이크 때문에 밤에 그 집에 전화를 했고, 그로 인해 그들 사이에 오해가 생깁니다. 부부는 빵집으로 찾아가서, 사연을 모르는 주인에게 케이크의 주인공이었던 여덟 살짜리 스코티가 죽었음을 분노 섞인 목소리로 알립니다. 그 때, 빵집 주인은 하던 일을 멈춥니다. 그는 그들을 위해 탁자를 치우고, 부부를 앉히고, 미안하다고 사과합니다. 아들을 불시에 잃은 부부 앞에서 빵집 주인은 뭘 어찌 해야 좋을지 모르겠다고 솔직히 말합니다.

그는 커피와 막 구운 계피롤빵을 가져와서, "아마 제대로 드신 것도 없겠죠. 제가 만든 따뜻한 롤빵을 좀 드시지요. 뭘 좀 드시고 기운을 차리는 게 좋겠소. 이럴 때 뭘 좀 먹는 일은 별것 아닌 것 같지만, 도움이 될 거요"라고 말합니다. 그렇게 한밤중에 이야기를 시작한 그들은, 희미한 새벽 햇살이 비칠 때까지 먹고 이야기를 나눕니다. 소설은 곧 여덟 살 생일을 맞이할 소년의 뺑소니 사고라는 아이러니 가득한 어둠에서 시작했지만, 희미한 아침 햇살이 그들 위로 비치는 장면으로 끝납니다. 그 변화의 과정 한가운데에는, 자기 일을 멈추고 자리를 마련하여 따뜻한 커피와 계피롤빵을 대접한 긍휼의 손길이 있었습니다.

위로의 말과 긍휼의 행동

때로는 조심스레 건넨 작은 초콜릿 한 조각이 큰 힘이 될 때가 있습니다. 우리가 육체를 가진 존재이기 때문이겠지요. 오병이어의 기적을 떠올려 봅니다. 수줍게 내놓은 빵 다섯 개와 물고기 두 마리로 시작된 사건은, 단순히 오천 명의 배를 채운 것 이상이었습니다. 그들의 마음이 채워졌고, 그들의 영혼이 충족되었습니다.

자신이 만든 큰길을 따라 동서남북 사방에서 고향 땅으로 돌아

올 자신의 백성을 하나님은 긍휼로 살뜰히 보살피십니다. 위로의 말씀으로 그들의 가슴에 희망의 빛을 비추기 시작하셨다면, 긍휼의 돌보심으로 집 잃은 이스라엘 백성을 인도해 마침내 고향 땅에 이르게 해주셨습니다.

제2이사야는, 절망의 어둠에 있는 이스라엘 백성을 통치하시는 하나님의 방식을 우리에게 보여 줍니다. 하나님의 통치는 위로의 말씀으로 시작했습니다. 그 말씀이 그들 사이에 한 줄기 빛으로 임했습니다. 그런데 하나님은 그들이 여전히 젖먹이 어린아이(사 49:15)라는 것을 아시나 봅니다. 혼자 일어나기 힘겨워하는 아이 곁에 서시고, 그 아이의 먹고 마실 거리를 공급하시고, 그 아이가 쉴 공간을 마련하시고, 그 아이가 기운 내 큰길로 걸어가도록 도우십니다.

거창하게 표현되어 있지만, 다시 희망을 회복하고 발돋움하려는 존재에게는, 별것 아닌 것 같지만 작은 것도 큰 도움이 됩니다. 긍휼과 사랑은 작더라도 아주 구체적인 행동을 통해서 전해지는 법입니다.

우리 곁에는 위로받고 다시 막 일어서 보려는 이들이 많이 있습니다. 하나님은 바사 고레스 왕을 통하여 이스라엘 백성에게 먹거리, 마실 거리, 쉴 곳, 큰길을 주셨던 것처럼, 우리를 통해 어둠에서 빛으로 발돋움하려는 이들에게 구체적인 긍휼의 손길이 닿기를 원하십니다. 하나님은 우리 이름들을 손바닥에 새기시고, 우리를 위해 신실하게 일하십니다. 마찬가지로, 우리도 아픔 가운데 있는 이웃의 이름을 손바닥에 새기고 그들을 위해 작은 사랑의 수고를 행하기를 하나님은 원하십니다.

부디 슬픔과 애통, 고통과 상처, 소외와 억울함의 어둠 속에 있는 모든 분들이, 주님이 주시는 위로를 받고 새 희망을 회복하기를 소망합니다. 주님이 개입하시는 긍휼의 역사하심 가운데 마침내 광명의 땅에 당도할 수 있기를 소망합니다. 그리고 그 위로의 말과 긍휼의 행동을 어둠 가운데 있는 이웃들에게 전하는 주님의 복된 자녀들이 되기를 소망합니다. 그래서 이 땅의 모든 생명들이 "하늘아, 기뻐하여라! 땅아, 즐거워하여라! 산들아, 노랫소리를 높여라. 주님께서 그의 백성을 위로하셨고, 또한 고난을 받은 그 사람들을 긍휼히 여기셨다"(사 49:13)라고 찬양할 수 있기를 소망합니다.

사귐과 연대

10월의 첫 주일은 세계 성찬 주일로 지키는 날입니다. 세상 도처에 흩어진 하나님의 몸으로서의 교회가 하나임을 재확인하기 위한 날이지요. 바울 사도는 일찍이 교회를 비롯한 온 세상의 일치에 대해 심오한 통찰을 피력한 바 있습니다.

> 그리스도의 몸도 하나요, 성령도 하나입니다. 이와 같이 여러분도 부르심을 받았을 때에 그 부르심의 목표인 소망도 하나였습니다. 주님도 한 분이시요, 믿음도 하나요, 세례도 하나요, 하나님도 한 분이십니다. 하나님은 모든 것의 아버지시요, 모든 것 위에 계시고 모든 것을 통하여 계시고 모든 것 안에 계시는 분이십니다(엡 4:4-6).

이런저런 형태로 분열된 세상에 사는 것이 힘겹지만, 이 구절을 반복해 읽다 보면 우리가 가야 할 길이 분명하게 보입니다. 오늘 우리는 성찬의 자리 앞에 초대받고 있습니다. 예수님이 잡히시기 전날 밤 마지막 만찬을 기억하고 기념하기 위한 자리이지만, 오늘날 성찬식에 참여한다는 것은 좀 특별한 의미를 가지고 있습니다. 성공회의 수장이었던 로완 윌리엄스는 성찬의 의미를 이렇게 요약하고 있습니다.

> 그리스도인들에게 성찬례에 참여하는 일은 자신이 언제나 손님이라는 사실을 인식하며 살아간다는 것을 뜻합니다. 내가 환영받는 사람이요, 필요한 사람이라는 사실을 깨닫게 해줍니다.[4]

성찬에 참여한다는 것은 우리를 있는 그대로의 모습으로 받아들이시는 예수님의 손님이 된다는 뜻입니다. 세상은 우리를 냉대하였을지 몰라도 주님은 우리를 친절과 사랑으로 받아들여 주십니다. 성찬을 뜻하는 그리스어 유카리스티아 *eucharistia*의 기본적 의미는 '감사'입니다. 성찬은 우리의 존재 깊은 곳에서 울려나오는 감사로의 초대입니다. 주님의 초대를 받아 그분의 살과 피를 먹고 마시는 사람은 또한 누군가를 자기 삶 속으로 초대하고 그들을 진심으로 환대할 수 있어야 합니다. 전쟁과 배고픔과 정치적 박해를 피해 세계 각지를 떠돌고 있는 난민들의 존재는 오늘의 문명이 어디를 향하고 있는지 묻는 물음표입니다. 예수님이시라면 기꺼이 그들의 품이 되어 주셨을 것입니다. 주님을 따르는 우리 또한 낯선 타자들을 환대하고, 그들을 위해 우리의 소중한 것을 줄 수 있어야 합니다. 그럴 때 우리는 새로운 세상이 도래하고 있음을 알리는 징표가 될 것입니다.

고통 나눔

고린도후서 9장 10-15절은 교회의 하나 됨이 어떻게 정초되었는지를 보여 주는 아주 중요한 본문입니다. 예루살렘과 온 유대와 사마리아와 땅 끝까지 복음이 전파되는 데 가장 큰 기여를 한 사람이 바울입니다. 세계 각지에 흩어져 있는 교회는 개체 교회로서 생존에 급급할 수도 있는 상황이었습니다. 그랬더라면 교회는 진작 소멸되었을지도 모릅니다. 바울 사도는 각 지역에 있는 교회들이 공교회성을 유지하도록 하기 위해 노력했습니다. 그 단초가 되었던 것은 예루살렘 교회가 겪고 있었던 곤경이었습니다.

심는 사람에게 심을 씨와 먹을 양식을 공급하여 주시는 하나님께서, 여러분에게도 씨를 마련하여 주시고, 그것을 여러 갑절로 늘려 주시고, 여러분의 의의 열매를 증가시켜 주실 것입니다. 하나님께서 여러분을 모든 일에 부요하게 하시므로, 여러분이 후하게 헌금을 하게 될 것입니다. 우리가 여러분의 헌금을 전달하면, 많은 사람이 하나님께 감사를 드리게 될 것입니다. 여러분이 수행하는 이 봉사의 일은 성도들의 궁핍을 채워 줄 뿐만 아니라, 많은 사람들로 하여금, 하나님께 감사를 넘치게 드리게 할 것입니다. 여러분의 이 봉사의 결과로, 그들은 하나님께 영광을 돌릴 것입니다. 그것은 여러분이 하나님께 순종하여, 그리스도의 복음을 고백하고, 또 그들과 모든 다른 사람에게 너그럽게 도움을 보낸다는 사실이 입증되었기 때문입니다. 그들은 또한 여러분에게 주신 하나님의 넘치는 은혜 때문에 여러분을 그리워하면서, 여러분을 두고 기도할 것입니다. 말로 다 형언할 수 없는 선물을 주시는 하나님께 감사합니다(고후 9:10-15).

바울은 마케도니아 지방과 아가야 지방에 있는 교회들에게 예루살렘 교회를 돕기 위한 의연금 마련을 부탁했습니다. 그 지방 교회들은 기꺼이 그 부탁에 응했습니다. 왜 우리 헌금을 낯모르는 이들을 위해 사용해야 되느냐는 저항은 없었던 것으로 보입니다. 복음의 빚을 진 이들로서 모교회의 곤경을 해결하기 위해 협력할 수 있다는 사실을 기꺼워했습니다. 저는 이게 바로 성령님이 하시는 일이라고 생각합니다. 바울은 마케도니아에 있는 여러 교회의 헌신을 이렇게 칭찬하고 있습니다.

그들은 큰 환난의 시련을 겪으면서도 기쁨이 넘치고, 극심한 가난에 쪼들리면서도 넉넉한 마음으로 남에게 베풀었습니다(고후 8:2).

넉넉하기 때문이 아니라, 편안하기 때문이 아니라, 사랑의 연대를 이루기 위해 자신을 선물로 내어 주는 것이야말로 새로운 세상의 징표가 아닐까요? 바울은, 하나님이 여러 교회에 베풀어 주신 은혜가 이것이라고 말합니다. 은혜는 나의 필요가 채워지는 것만이 아닙니다. 내가 누군가에게 필요한 존재가 된다는 것, 남을 위해 자기를 기꺼이 내 줄 수 있는 존재가 된다는 것 자체가 하나님의 은혜입니다. 바울은 그런 사랑의 연대에 동참하는 이들은 아까워하면서 내거나, 마지못해서 하는 일이 없어야 한다고 말합니다(고후 9:7). 자발적으로, 또 기꺼이 그 일에 동참할 때 하나님이 그들에게 필요한 것도 채워 주시고 그들의 삶을 부요하게 만드신다는 것입니다. 물론 그가 말하는 부요함은 원하는 모든 것을 할 수 있는 넉넉함을 뜻하는 게 아닙니다. 소유가 많은 사람이 부자가 아니라 남과 더불어 나누려는 마음이 큰 사람이 진짜 부자인 것처럼, 자꾸 나누는 일에 익숙해질 때 우리는 물질에 덜 얽매인 삶을 살게 됩니다. 이게 진짜 부요함이 아닐까요?

은혜의 세계 속으로

바울은 성도들이 수행하는 이런 봉사의 일은 성도들의 궁핍함을 채워 주는 데서 그치지 않고, 많은 사람들로 하여금 하나님께 감사를 넘치게 드리도록 한다고 말합니다. 믿음으로 산다는 것은 하나님의 은총의 통로가 되는 것입니다. 하나님의 사랑이 우리를 통해 잘 흘러가도록 하는 것이야말로 우리에게 주어진 신앙의 과제입니다. 하나님은 아브라함을 불러 복의 매개자가 되라 이르셨습니다. 이 일을 잘 수행하는 것은 정말 소중한 일입니다. 그러나 잊지 말아야 할 것은 그 일을 통해 우리가 드러나서는 안 됩니다. 그 일이 하나님의 일임을 명심해야 합니다. 헛된 칭찬을 구하거나 사람들 앞에 드러내기 위해 그런 일을 하는 순간 하나님의 영광은 가려집니다. 사랑의 실천은 우리의 일이기도 하지만 하나님이 우리를 통해 하시는 일임을 한 순간도 잊지 말아야 합니다.

다음 대목이 제게는 아주 새삼스럽게 다가옵니다. "그들은 또한 여러분에게 주신 하나님의 넘치는 은혜 때문에 여러분을 그리워하면서, 여러분을 두고 기도할 것입니다"(고후 9:14). 낯모르는 이를 그리워한다는 것, 이것이 사랑의 기적이 아니고 무엇이겠습니까? 공간적으로는 떨어져 있을지 모르지만, 저만치에 믿음의 등불을 밝혀 든 아름다운 사람이 있다는 사실을 상기하는 것만으로도 우리 삶은 든든해집니다. 이 대목을 묵상하다가 엉뚱하게도 김소월의 〈가는 길〉이 떠올랐습니다.

그립다
말을 할까
하니 그리워

그냥 갈까
그래도

다시 더 한번

저 산에는 까마귀, 들에 까마귀
서산에는 해 진다고
지저귑니다

앞 강물 뒷 강물
흐르는 물은
어서 따라오라고 따라가자고
흘러도 연달아 흐릅디다려.

누군가를 그립다고 말하는 순간 그리움이 강물처럼 밀려옵니다. 강물은 앞서거니 뒤서거니 하면서 어서 따라오라고 내처 흐릅니다. 아련한 그리움이 절로 느껴지지 않습니까? 여러분, 누군가를 이렇게 그리워해 본 적이 있으십니까? 그리움이야말로 우리를 이끌어가는 힘입니다. 하나 된 세상을 향한 그리움, 하나님 나라를 향한 그리움, 저만치에서 같은 그리움을 안고 살아가는 '그대'를 향한 그리움이 우리 속에 있는 한 우리는 낙심할 수 없습니다.

   앞서 성찬에 참여한다는 것은 자신이 손님임을 자각하는 것이라고 말했습니다. 자기 비하에서 벗어나 스스로 환영받는 사람이요, 필요한 사람임을 잊지 말아야 합니다. 그리고 낯선 누군가를 우리 삶 속에 손님으로 맞아들일 수 있어야 합니다. 주님의 마음이야말로 낯선 세상, 고장 난 세상을 하나로 묶는 사랑의 끈입니다. 성찬에 참여하는 우리 모두 주님이 기뻐 사용하실 사랑의 끈이 될 수 있기를 소원합니다.

느림과 꾸준함

가을이 빠르게 우리 곁에 다가오고 있습니다. 제 탁상달력 9월 페이지에 적혀 있는 신영복 선생의 글귀를 자꾸 마음에 새기게 되는 나날입니다. "자동차로 빠르게 지나가는 사람에게 1미터의 코스모스 길은 한 개의 점에 불과합니다. 그러나 천천히 걸어가는 사람에게는 이 가을을 남김없이 담을 수 있는 아름다운 꽃길이 됩니다." 어떤 길을 점으로 경험하든지 꽃길로 경험하든지, 그 차이를 만들어 내는 것은 속도입니다. 빠름 속에서는 아름다운 것을 아름다움으로 경험하기 어렵습니다. 현대인들은 대개 자기 속도대로 살지 못합니다. 세상이 정해 준 속도대로 살거나, 그보다 더 빨리 달리려 합니다. 누군가 나를 앞서갈지도 모른다는 조바심 때문에 늘 숨이 가쁘고 마음의 여유가 없습니다.

 미셸 꽈스트는 "끊임없는 활동이란 현대의 가장 무자비한 우상偶像 중의 하나이다. 우리는 할 일이 너무나 많고 그러면서도 무엇이건 다 하려 든다"[5]고 말합니다. 뭔가를 해야 한다는 강박관념처럼 우리를 지치게 만드는 것이 없습니다. 미셸은 지나치게 바쁜 사람에게 신뢰를 둘 수 없다면서 "'그는 너무 바빠' 하는 말은 그는 우리 문제를 생각해 줄 여유가 없으니까 얘기를 꺼낼 필요도 없다는 뜻이 된다"[6]고 말합니다. 우리가 누군가의 형제자매가 되고자 한다면, 언제나 문을 활짝 열어 그들이 우리 삶 속으로 자유롭게 들어올 수 있게 해야 한다는 것입니다. 시인 정진규 선생은 〈몸詩·14〉에서, 왈칵왈칵 피어나는 진달래꽃을 보다가 봄 신명에 지펴서 이렇게 노래합니다. "지금 나 한 사날 잘 열리고 있어 누구나 오셔, 아름답게 놀다 가셔!" 이런 자기 개방, 혹은 환대의 공간 만들기야말로 이웃 사랑이 아닐까요?

 '빨리 빨리'를 외치는 세상이 역동적이기는 하지만 그곳에 느긋한 평화는 없습니다. 평화가 없으니 생명의 기쁨 또한 없습니다. 누구나 평화를 꿈꾸지만 평화를 누리며 사는 사람이 많지 않은 것은 저마다 과속의 세상에 적응하려 하기 때문입니다. 기독교교육이든 교육이든 그 목표는 무엇일까요? 우리 세대는 오랫동안 1968년에 제정된 '국민교육헌장'을 암기해야 했습니다. 헌장은 우리가 이 세상에 태어난 까닭을 아주 단순하게 제시하고 있습니다. "우리는 민족중흥의 역사적 사명을 띠고 이 땅에 태어났다." 이 헌장에 근거한 교육의 목표는 산업사회의 일꾼들을 만들어 내는 일이었습니다. 한때 교육부의 명칭이 '교육인적자원부'였던 적도 있습니다. 사람을 '인적 자원'으로 보았던 것입니다. 그 속에서 인간은 다만 수단 혹은 도구일 뿐입니다.

교육의 목표

교육의 진짜 목표는 무엇이어야 할까요? 거창고등학교 교장을 역임했던 전성은 선생은 "교육은 평화를 위한 목적 이외의 어떤 목적으로도 이용되어서는 안 된다"[7]고 말합니다. 이 대목에서 그는 대단히 단호합니다. 남을 억누르고 짓밟고 빼앗는 일이 없는 세상을 향한 꿈은 예수님을 비롯한 모든 영성가들의 꿈이었습니다. 예수님의 말씀은 간략하지만 핵심을 찌르고 있습니다. "평화를 이루는 사람은 복이 있다. 하나님이 그들을 자기의 자녀라고 부르실 것이다"(마 5:9).

평화를 이루려면 어떻게 해야 할까요? 만나는 모든 사람 속에서 하나님의 형상을 볼 수 있어야 합니다. 교육은 그 눈을 열어 주는 것이어야 합니다. 여기저기서 청소년들의 일탈 행위가 도를 넘고 있습니다. 저는 그들이 유난히 악한 아이들이라고 생각하지 않습니다. 그들은 다른 이들을 존중하고 이해하고 사랑하는 법을 배우지 못한 이들입니다. 다른 이들을 수단으로 삼는 일이 일상이 돼 버린 무정한 세상이 그들을 괴물로 만들었습니다. 아브라함 요수아 헤셸은 "희랍인들은 이해하기 위하여 배웠다. 히브리인들은 공경하기 위하여 배웠다. 현대인들은 사용하기 위하여 배운다"[8]고 말했습니다. 현대인들은 '아는 것이 힘'이라는 표어를 내면화하고 삽니다. 자기를 쓸모 있는 존재로 만들어 상품으로 내놓아야 한다고 생각합니다. 젊은이들이 스펙 쌓기에 몰두하는 것은 그 때문입니다. 헤셸의 말을 조금 더 인용해 보겠습니다.

> 히브리의 옛말에 따르면 세계는 공부, 예배, 자애라는 세 개의 기둥 위에 서 있다고 한다. 공부는 하늘의 지혜를 더불어 나누는 것이요 예배의 대상은 창조주며, 자애는 이웃의 아픔에 대하여 마음을 열고 동정을 베푸는 것이다.[9]

참된 공부는 영원하고 보편적인 하나님의 뜻을 알아차리는 것입니다. 이것을 다른 말로 하면 "주님을 경외하는 것이 지식의 근본"이라는 말이 될 것입니다. 인터넷이 발달한 오늘날, 지식의 분량은 급격히 늘어나지만 인간성은 나날이 쇠퇴하는 것 같아 안타까울 뿐입니다. 사람들은 구글이나 네이버 검색을 통해 필요한 정보를 얻지만, 참 사람이 되기 위한 지식은 인터넷 검색을 통해 얻을 수 없습니다. 그것은 깊은 사색과 성찰 그리고 기도, 사랑의 실천과 불의에 대한 투쟁을 통해서만 얻을 수 있습니다. 기독교교육이 서야 할 자리는 바로 여기입니다. 마종하 시인의 〈딸을 위한 시〉를 들어 보셨는지요?

> 한 시인이 어린 딸에게 말했다
> 착한 사람도, 공부 잘하는 사람도 다 말고
> 관찰을 잘 하는 사람이 되라고

겨울 창가의 양파는 어떻게 뿌리를 내리며
사람은 언제 웃고, 언제 우는지를
오늘은 학교에 가서
도시락을 안 싸온 아이가 누구인가를 살펴서
함께 나누어 먹으라고.

우리가 정말 알아야 할 것이 이런 것이 아닐까요? 남들이 흠모할 만한 자리에 앉았다 해도 이웃의 아픔에 반응할 줄 모르는 사람이 되었다면 그는 불행한 사람입니다.

농부의 지혜

이사야 28장은 대략 네 개의 소 문단으로 나눌 수 있습니다. 1절부터 6절까지는 하나님의 뜻을 등지고 살아가는 북왕국에 대한 하나님의 화 선언입니다. 7절부터 13절까지는 이스라엘에게 지식을 가르친다고 하지만 횡설수설하고 있는 제사장과 예언자들에 대한 조롱입니다. 14절부터 22절까지는 공평과 공의를 저버린 채 외국과의 동맹을 통해 위기를 해결하려는 예루살렘의 지도층을 향한 심판 예언입니다. 그러니까 전체적으로 보면 좀 어두운 메시지가 담긴 장이라 할 수 있습니다. 그런데 23절부터 29절까지는 분위기가 완전히 달라집니다. 여기서 이사야는 지혜로운 농부를 등장시키고 있습니다.

너희는 귀를 기울여서, 나의 목소리를 들어라. 주의 깊게 내가 하는 말을 들어라. 씨를 뿌리려고 밭을 가는 농부가, 날마다 밭만 갈고 있겠느냐? 흙을 뒤집고 써레질만 하겠느냐? 밭을 고르고 나면, 소회향 씨를 뿌리거나 대회향 씨를 뿌리지 않겠느냐? 밀을 줄줄이 심고, 적당한 자리에 보리를 심지 않겠느냐? 밭 가장자리에는 귀리도 심지 않겠느냐? 농부에게 밭농사를 이렇게 짓도록 일러 주시고 가르쳐 주신 분은, 바로 하나님이시다. 소회향을 도리깨로 쳐서 떨지 않는다. 대회향 위로는 수레바퀴를 굴리지 않는다. 소회향은 작대기로 가볍게 두드려서 떨고, 대회향도 막대기로 가볍게 두드려서 떤다. 사람이 곡식을 떨지만, 낟알이 바스러지도록 떨지는 않는다. 수레바퀴를 곡식 위에 굴릴 때에도, 말발굽이 그것을 으깨지는 않는다. 이것도 만군의 주님께서 가르쳐 주신 것이다. 주님의 모략은 기묘하며, 지혜는 끝없이 넓다(사 28:23-29).

지혜로운 농부는 밭을 갈 때와 씨를 뿌릴 때를 정확하게 압니다. 계절에 따라 뿌려야 할 씨가 무엇인지, 그루갈이로 심어야 할 것이 무엇인지, 추수하고 타작할 때에 어떤 도구를 어떻게 사용해야 하는지도 정밀하게 알고 있습니다. 소회향을 도리깨로 쳐서 떨지 않고, 대회향 위로 수레바퀴를 굴리지 않습니다. 이사야가 굳이 이 식물들을 등장시킨 까닭은 알 수 없지만 왕가에 속했던 이사야로서는 농부들의 실용적 지혜에 깊은 감명을 받은 것 같습니다.

농부들의 지혜가, 바로 앞에서 언급된 지도자연하는 사람들의 허위의식과 대조되고 있습니다. 그런데 성경은 농부들의 지혜조차 "만군의 주님께서 가르쳐 주신 것"(29절)이라고 말합니다. 주님은 충실한 농부들의 예를 통해 하나님의 섭리를 설명하고 있습니다. 하나님의 뜻은 어려운 것도 아니고 비밀스러운 것도 아닙니다. 특별한 사람들에게만 알려진 것도 아닙니다. 마음을 열면 누구라도 알 수 있습니다. 믿음이란 하나님의 생각과 지혜를 인정하는 데서 시작됩니다. 내 뜻을 관철시키기 위해 하나님을 동원하는 것은 믿음이 아닙니다. 귀를 기울여 주님의 목소리를 듣는 사람, 주의 깊게 말씀을 듣는 사람은 삶이 아무리 어려워도 절망에 빠지지 않습니다. 삶이 곤고할수록 우리 마음을 하나님께 내려놓고 말씀에 귀를 기울여야 합니다.

하나님의 말씀을 잘 듣기 위해서는 먼저 우리 속에 가득 차 있는 소음으로부터 조금 떨어져야 합니다. 가끔은 일상의 자리에서 벗어나 보아야 자기 삶의 실상을 깨닫게 됩니다. 성경은 온통 '떠나라'는 말과 '따르라'는 말로 가득 차 있습니다. 믿는 이들에게 있어 떠남과 따름은 둘이 아니라 하나입니다. 아브람을 비롯한 믿음의 조상들은 익숙하던 세계에서 벗어나 낯선 세계로 들어간 이들입니다. 그들은 정착 생활의 안락함보다는 하나님의 뜻을 따라 떠도는 삶을 택했습니다. 먹고 살기 위해 떠도는 것처럼 보였지만, 그들은 이르는 곳곳에서 하나님의 아름다우심을 삶으로 증언했습니다. 예수님의 처

가치 있는 것들에
대한 태도

음 제자들은 "나를 따르라"는 주님의 초대에 기꺼이 응해 배와 그물을 버려두고 주님을 따랐습니다. 그들의 발걸음이 닿는 곳마다 분리의 장벽들은 무너졌고, 우정의 공간이 열렸습니다. 제가 요즘 읽고 있는 《걷기의 인문학》(반비)에서 저자 리베카 솔닛이 한국의 독자들에게 쓴 편지 말미에 이런 말이 나옵니다.

걸어가는 사람이 바늘이고 걸어가는 길이 실이라면, 걷는 일은 찢어진 곳을 꿰매는 바느질입니다. 보행은 찢어짐에 맞서는 저항입니다.[10]

"찢어진 곳을 꿰매는 바느질"과 "찢어짐에 맞서는 저항"이라는 말이 강렬하게 다가옵니다. 하나님의 자녀가 되는 길이 바로 이렇게 열립니다. 제2이사야는 하나님의 뜻을 따라 거듭난 백성을 두고 사람들이 "갈라진 벽을 고친 왕!", "길거리를 고쳐 사람이 살 수 있도록 한 왕!"이라 부를 것이라고 말합니다(사 58:12). 성도의 소명은 바로 이것입니다. 남보다 앞서가는 것이 아니라, 우리가 사는 세상을 조금 더 아름다운 곳으로 바꾸는 것이 인생의 성공 아닐까요?

그러나 우리가 그런 삶을 선뜻 선택하지 못하는 것은 불안 때문입니다. 남보다 뒤처질지 모른다는 불안감, 먹고 사는 일에 대한 불안감으로 인해 우리는 세상이 만들어 놓은 틀 속에 자꾸 갇히곤 합니다. 하지만 주님은 '다른 삶이 가능하다'는 사실을 우리가 몸으로 입증하기를 바라십니다. 적게 소유할지라도 삶을 축제로 바꾸며 살 수 있다는 사실 말입니다. 홀로 앞서가는 것보다 더불어, 함께 나아가는 삶 속에 더 큰 삶의 묘미가 있다는 사실 말입니다.

그들의 걸음에 맞추어

당장 목표에 도달할 수 없다고 하여 낙심할 것 없습니다. 땅의 현실에 붙들려 있는 우리 시선을 자꾸만 들어 올려야 합니다. 한 걸음씩 앞으로 나아가면 됩니다. 천천히, 그러나 꾸준하게 걷고 또 걸어야 합니다. 어리석은 사람이라는 말을 들어도 낙심할 것 없습니다. 마음이 아무리 급해도 실을 바늘귀에 묶어서 사용할 수는 없는 법입니다.

성서의 한 형제 이야기가 떠오릅니다. 20년 만에 고향에 돌아온 야곱과 눈물로 재회한 에서는 야곱에게 "자, 이제 길 길을 서두르자. 내가 앞장을 서마"(창 33:12) 하고 말합니다. 급한 성미는 세월이 가도 변하지 않는가 봅니다. 무슨 일이든 결과를 빨리 보고 싶어 하는 이들이 있습니다. 하지만 무엇이든 아름다운 것은 시간을 필요로 합니다. 생명의 성장 또한 마찬가지입니다. 어리석은 송나라 사람은 벼의 생장을 돕기 위해 벼 포기를 조금씩 들어 올렸지만 결국 벼농사를 망치고 말았습니다. '발묘조장拔苗助長'이라는 고사는 그렇게 나왔습니다. 서두르는 형의 제안을 야곱은 완곡하게 물리칩니다. "형님께서도 아시다시피, 아이들이 아직 어립니다. 또 저는 새끼 딸린 양 떼와 소 떼를 돌봐야 합니다. 하루만이라도 지나치게 빨리 몰고 가면 다 죽습니다"(창 33:13).

기독교교육도 마찬가지입니다. 경쟁에 내몰린 아이들이 말씀을 잘 받아들이지 않는 것처럼 보여도 낙심할 것 없습니다. 우리가 심는 씨앗이 죽은 씨가 아니라면 움틀 날이 올 것입니다. 신뢰하면서 기다려 주어야 합니다. 자기 속도에 맞춰 살 수 있도록 해 주어야 합니다. '뿌린 씨가 잘 나지 않을 때 다시 덧뿌리는 씨'를 가리켜 '움씨'라 합니다. 믿음의 사람들은 척박한 세상에 움씨를 뿌리는 사람들입니다. 빈센트 반 고흐의 그림 〈씨 뿌리는 사람〉은 성직의 길에서 벗어나 화가의 길로 접어든 고흐의 결의 혹은 다짐이라 할 수 있습니다. 척박한 땅을 일구고 거기에 씨를 뿌리는 농부의 발걸음이 힘찹니다. 절망의 그림자는 보이지 않습니다. 이 마음이면 됩니다. 속도에 너무 집착할 것 없습니다. 매 순간 우리에게 다가오는 은총을 맛보며 천천히 그러나 확고하게 나아가면 됩니다.

씨를 심고 물을 주는 것은 우리의 책임이지만, 자라게 하시는 분은 하나님입니다. 우리로 하여금 "하나님을 기쁘게 해 드릴 것을 염원하게 하시고 실천하게 하시는 분"(빌 2:13)께서 모든 일을 이루실 것입니다. 보이지 않는 보폭으로 자라지만 결국 벽을 넘는 담쟁이넝쿨처럼 하나님 나라는 그렇게 조금씩 자랄 것입니다. 우리는 추수하는 일꾼인 동시에 파종하는 사람으로 부름 받았습니다. 생명의 씨, 평화의 씨를 뿌리는 기쁨을 누릴 수 있기를 기원합니다.

2부
한 방향으로, 오래도록, 단호하게

노동 _____

옛날 시골에서는 입동 절기가 되면 해야 할 일이 참 많았습니다. 김장은 물론이고 겨우살이 준비에 바빴습니다. 장다리무와 고구마를 얼지 않게 간수하는 일로부터, 방고래 구두질(방고래에 모인 재를 구둣대로 쑤시어 그러내는 일), 바람벽 맥질, 창호문 바르기, 쥐구멍 막기, 수숫대로 외양간 둘러 주기, 겨울을 날 수 있는 땔감 마련하기 등등 이루 말할 수 없이 많은 일들이 기다리고 있었습니다. 지금은 이런 노동이 거의 사라져 우리는 겨울을 겨울답게 살아 내지 못합니다. 계절의 은총을 누리기 어렵다는 말입니다.

 이 계절은 또 만물이 본래의 자리로 돌아가는 때입니다. 만물귀근萬物歸根이라지요? 나뭇잎은 땅에 떨어져 흙을 기름지게 하고, 회귀성 어종들은 모천으로 돌아가 알을 낳고 자신의 몸을 물결 위에 내려놓습니다. 철새들도 먼 곳으로 날아갑니다. 이런 때이기에 '돌아오라'는 주님의 부름이 더욱 크게 들려옵니다. 돌아가기 위해서는 행장을 가볍게 해야 합니다. 버릴 것을 버려야 길을 떠날 수 있습니다. 물론 우리의 떠남은 장소의 이동이 아니라, 세상에 팔렸던 우리 마음을 하나님께로 돌이키는 것이 되어야 합니다. 주님의 은총으로 우리 영혼이 주님과 더 깊이 접속될 수 있기를 빕니다.

지난 목요일, 교회의 겨울나기를 위해 일차 김장을 했습니다. 봉사자들은 그 전전날 밭에 가서 배추와 무와 갓을 뽑고 그것을 차에 실어 옮겨 왔습니다. 수요일 오후에는 배추를 절이고 무를 다듬느라 애를 많이 썼습니다. 주방에 내려가 보니까 아름다운 원로 선교회의 어르신 몇 분이 오셔서 배추를 다듬고 계셨습니다. 바람이 불면 날아갈 것같이 연약한 분들이었지만 교회 공동체를 위해 일할 수 있다는 사실을 기꺼워하셨습니다. 그분들의 손이 참 거룩해 보였습니다. 교회 공동체는 이처럼 보이지 않는 곳에서 섬기는 이들을 통해 든든히 세워져 갑니다. 〈전라도닷컴〉이라는 잡지의 2014년 10월호 특집 제목은 "손을 만났다"였습니다. 사진작가가 여러 해 동안 남녘땅의 시장과 들판을 두루 다니면서 찍은 노인들의 손 사진 수십 장이 게재되어 있었습니다. 풀물이 들고, 거칠고, 구부러지고, 흙투성이 손들이 거기에 있었습니다. 그 손 사진들을 보며 저는 아버지의 손을 떠올리지 않을 수 없었습니다. 그 사진에 붙인 기자의 짧은 글이 제 가슴을 울렸습니다.

지금 막 흙무더기를 끌어다 뿌리 위에 다독거리고 난 손은 흙투성이다. 거짓말투성이, 욕심투성이, 허영투성이가 아니다. '투성이'라는 말에 '흙'이 얹어졌을 때 그 말은 거룩해진다.

거침없이 내미는 주고자운 손(주고 싶은 손). '놈(남)이 되로 주문 말로 갚어야 편해.' 그런 마음을 가진 손. 엄니들은 늘 무언가를 내밀었다. 그 계절의 편지 같은 고추, 호박, 단감, 대추, 곶감.

내 입보다 놈의 입부터 챙겨 줌서 그라고 찌대고 사는 것이 사람이여.

손 닿는 자리마다 푸릇푸릇 살려 내는 '살림꾼'의 손. 아직 먼 것 같은 봄날을 앞당기는 '봄똥'처럼 그 모든 '아직'을 끌어당겨온 손. _배추밭

숟가락만 들고 끼어들면 '한 식구' 되는 장터의 밥상. '숟가락만 갖고 와. 혼차 묵으문 뭔 맛이여.' 지나온 삶의 굽이굽이가 고스란히 새겨진 그 손에 담아 전하는 인정. 모두를 내 식구처럼 귀히 대접하는 둥근 밥자리. _장터 풍경

정말 아름다운 손은 마디조차 없는 곱디고운 손이 아니라 노동의 시간이 배어 있는 손임을 가슴 절절하게 느낄 수 있었습니다. 사람의 얼굴을 보면 그가 살아온 내력과 그가 살아갈 미래가 보인다고 합니다. 그래서 다석 선생님은 '얼굴'을 '얼의 골짜기'라고 말씀하셨던 터일 것입니다. 얼굴뿐이겠습니까? 손처럼 정직하게 그 존재를

말해 주는 것도 없을 것입니다. 조금 엉뚱하게 보일지도 모르지만 저는 이번 주간 예수님의 손을 묵상의 실마리로 삼아 보았습니다.

'이 사람'의 '그 손'

갈릴리 호숫가 마을을 넘나들며 하나님 나라의 복음을 전파하고, 병든 이들을 고쳐 주시던 예수님이 어느 날 고향 나사렛에 가셨습니다. 제자들도 동행했습니다. 주님은 안식일에 회당에서 사람들에게 하나님 나라 복음을 가르치셨습니다.

예수께서 거기를 떠나서 고향에 가시니, 제자들도 따라갔다. 안식일이 되어서, 예수께서 회당에서 가르치기 시작하셨다. 많은 사람이 듣고, 놀라서 말하였다. "이 사람이 어디에서 이런 모든 것을 얻었을까? 이 사람에게 있는 지혜는 어떤 것일까? 그가 어떻게 그 손으로 이런 기적들을 일으킬까? 이 사람은 마리아의 아들 목수가 아닌가? 그는 야고보와 요셉과 유다와 시몬의 형이 아닌가? 또 그의 누이들은 모두 우리와 같이 여기에 살고 있지 않은가? 그러면서 그들은 예수를 달갑지 않게 여겼다. 그래서 예수께서 그들에게 말씀하셨다. "예언자는 자기 고향과 자기 친척과 자기 집 밖에서는, 존경을 받지 않는 법이 없다." 예수께서는 다만 몇몇 병자에게 손을 얹어서 고쳐 주신 것 밖에는, 거기서는 아무 기적도 행하실 수 없었다. 그리고 그들이 믿지 않는 것에 놀라셨다(막 6:1-6).

가르침을 듣고 있던 사람들은 다 놀랐습니다. 마가는 그들이 보인 반응을 세 가지로 요약합니다. 첫째, 이 사람이 어디에서 이런 모든 것을 얻었을까? 둘째, 이 사람에게 있는 지혜는 어떤 것일까? 셋째, 그가 어떻게 '그 손'으로 이런 기적들을 일으킬까?

마을 사람들은 예수를 '이 사람^{this man}'이라고 호칭하고 있습니다. 이런 호칭을 통해 우리는 예수를 대하는 마을 사람들의 정서를 엿볼 수 있습니다. 예수의 메시지가 그들에게 준 충격 못지않게 그들을 당황스럽게 만든 것은 그 지혜의 말을 전하는 이가 '예수'라는 사실입니다. 그는 자기들이 '여보게'라고 부르곤 했던 사람입니다. 그런 그의 입에서 지혜와 생명의 말씀이 나온다는 사실이 그저 낯설기만 했던 것입니다. 예수를 통해 나타난 기적도 그들을 당황시켰습니다. 어떻게 '그 손^{ho tekton}'으로 이런 기적들을 일으킬까? '그 손'이라는 단어가 참 중요합니다. 고향 사람들의 기억 속에 각인된 예수는 망치를 들고 일하는 목수입니다. 그는 '손'으로 인식되는 사람이었다는 말입니다. 그동안 우리는 십자가에 못 박힌 주님의 손만 알았지, 가족의 생계를 위해 노동을 하느라 손에 못이 박인 주님의 손은 알지 못했습니다.

주님은 노동자였습니다. 그것도 육체노동자였습니다. 주님이 고통 받는 민중의 현실에 깊이 관심을 가지셨던 것은 자신도 그 쓰라린 삶을 경험하셨기 때문일 것입니다. 스페인의 바르셀로나에 있는 사그라다 파밀리아^{Sagrada Familia Petita Plata} 성당은 위대한 건축가 가우

디의 필생의 작품이라 할 수 있습니다. 그 성당의 전면을 사람들은 '탄생의 파사드^{façade}'라고 부릅니다. 그곳에는 예수님의 탄생 전후 이야기가 돌로 조각되어 있습니다. 그 가운데서 유난히 제 시선을 끌었던 것은 망치를 들고 일하는 요셉의 모습이었습니다. 무심히 보면 별것 아닌 것처럼 보일 수도 있는 장면입니다. 하지만 일하는 노동자의 모습이 교회에 새겨진 것은 매우 드문 일입니다. 그것이 요셉이라 해도 말입니다. 가우디는 일하는 이들의 아름다움과 노동의 가치를 그렇게 강조하고 싶었던 것인지도 모르겠습니다.

사람들은 예수의 손을 가리켜 '그 손'이라 말합니다. 예수님은 꽤 알려진 노동자였음에 틀림없습니다. 땀 흘리는 자리에서 바라보아야 세상이 제대로 보입니다. 책상머리에서 공부만 한 이들은 세상을 알 수 없습니다. 주님의 비유들을 보더라도 그분이 민중의 삶의 자리에 대해 깊이 이해하고 계셨음을 알 수 있습니다. 예수님은 하나님 나라를 설명하기 위해 밭에서 일하는 농부들, 호수에 배를 띄우고 물고기를 잡는 어부들, 가족을 위해 음식을 준비하는 여인들의 건강한 노동을 예로 들곤 하셨습니다. 주님의 가르침은 머리로 배운 관념이 아니라 삶으로 체득한 진리입니다.

살리는 손

그런데 예수님의 손은 '노동하는 손'을 거쳐 '살리는 손'이 됩니다. 중국의 작가였던 루쉰은 장학생이 되어 일본에서 의학을 공부하다가 중도에 포기하고 작가의 길을 걸었습니다. 어느 날 학교에서 본 영상이 계기가 되어 그런 선택을 한 것이었습니다. 일본 사람들이 중국인들을 처형하는 영상이었는데, 둘러선 중국 사람들이 아무런 분노도 보이지 않았고 심지어는 만세를 부르는 이들도 있었습니다. 그는 큰 충격을 받았고 육신의 병보다 정신의 병을 먼저 고쳐야겠다는 생각을 했다고 합니다.

주님도 밑바닥 생활을 해 보셨기에 세상에 가득 찬 아픔을 아셨고, 그 아픔은 개인의 문제만이 아니라는 사실을 절감하셨던 것 같습니다. 그래서 주님은 사람들에게 하나님 나라의 꿈을 심어 주기 위해 노력하셨습니다. 주님은 고통 속에 살고 있는 이들을 찾아가셨습니다. 열병환자를 붙잡아 일으키셨고, 나환자의 몸에 손을 대 고쳐 주셨습니다. 꼭 손을 대야만 능력을 발휘하실 수 있었던 것일까요? 그렇지는 않을 것입니다. 그럼에도 불구하고 주님은 굳이 그들의 몸에 손을 대셨습니다. 그것은 그들이 겪어 온 쓰라린 세월에 대한 이해요 공감의 표시였습니다.

손처럼 많은 말을 할 수 있는 신체 부위가 또 있을까요? 우리는 친교의 표시로 악수를 하고, 약속의 표시로 손가락을 겁니다. 공감과 이해의 표시로 상실감 속에 있는 이의 어깨를 어루만지고, 헤어질 때는 손을 흔듭니다. 주님은, 혐오감을 일으키는 존재로 여겨져 외면당하고 버림받고 심지어는 스스로 부정한 존재로 선언해야 했던 이들과 스스럼없이 접촉하십니다. 율법은 그런 이들과 접촉하면 부정하게 된다고 규정하고 있습니다. 하지만 꺼리는 마음보다는 그들을 회복시키고 싶은 주님의 사랑이 더 컸습니다. 강은교 시인의 〈당신의 손〉이라는 시가 떠오릅니다.

당신의 손이 길을 만지니
누워 있는 길이 일어서는 길이 되네.
당신의 슬픔이 살을 만지니
머뭇대는 슬픔의 살이 달리는 기쁨의 살이 되네.
아, 당신이 죽음을 만지니
천지에 일어서는 뿌리들의 뼈.

설명하지 않아도 가슴 가득 감동이 찾아옵니다. 지금 우리 손은 어떠합니까? 우리의 손길이 닿는 곳에서 어떤 사건이 벌어지고 있습니까? 우리 손은 거둬들이고 움켜쥐는 일에만 익숙해진 것은 아닙니까? 거절하고 밀어내는 일에만 사용되고 있는 것은 아닙니까? 일으켜 세우고, 북돋고, 따스하게 보듬어 안아야 합니다.

주님의 그 따뜻한 손길을 경험하고도 고향 사람들의 마음은 열리지 않습니다. 완고하기 이를 데 없는 그들의 편견 혹은 고정관념 때문이었습니다. 사람들은 잘 안다고 생각하는 이의 성공을 시샘하는 버릇이 있습니다. 그래서 그들의 성취를 흠집 내려 합니다. 미성숙한 영혼의 특색입니다. 함께 기뻐하고 사심 없이 경축해 줄 수만 있어도 우리 영혼은 성장합니다. 우리는 어떤 사람이나 사건을 대할 때 있는 그대로의 모습으로 보지 못합니다. 편견 없이 바라본다는 것은 거의 불가능합니다. 문제는 나의 견해가 편견이라는 사실을 인정하지 않는 것입니다. 편견임을 인정한다는 것은 그에게 열린 자세로 다가가겠다는 결의입니다. 지금 나는 이렇게 보고 있지만 내가 틀릴 수도 있다는 사실을 인정할 때 우리 인식은 깊어집니다. 물이 늘 흐르던 곳으로 흐르는 것처럼 우리의 사고는 일정한 패턴에 따라 작동합니다. 우리 사고가 새로워지기 위해서는 자기를 개방하고 낯선 것을 받아들여야 합니다.

예수님의 고향 사람들은 자기들에게 익숙한 방식으로 예수를 바라보았습니다. 마리아의 아들, 야고보·요셉·유다·시몬의 형, 우리도 아는 그의 누이들, 목수. 인간은 '사이 존재'입니다. 그렇기에 예수를 알기 위해 그들을 아는 일도 중요합니다. 하지만 그것으로 예수를 다 알았다고 말할 수 없습니다. 그들은 자기들이 만들어 놓은 편견의 세계를 교란하고 있는 예수의 존재를 인정할 수 없었습니다. 어느 사회에서나 낯선 존재는 위험한 인물로 취급되었습니다. 마가는 고향 사람들이 예수를 '달갑게 여기지 않았다'고 말합니다. 마태복음은 예수가 고향 사람들에게 죽임을 당할 뻔 했다고 전합니다.

손을 보자고 하실 때

주님은 제자들에게 예언자의 운명에 대해 말씀합니다. 예언자는 자기 고향과 친척, 그리고 자기 집 밖에서는 존경을 받지 않는 법이 없다는 것이었습니다. 이 대목을 묵상하다가 저는 가슴을 치지 않을 수 없었습니다. 우리는 나사렛 사람들을 비웃을 수 없습니다. 지금 주님이 가장 소외되고 있는 곳이 교회가 아닐까요? 사람들은 예수를 믿는다고 말하면서 예수의 삶을 따르지 않습니다. 예수를 길이라 말하면서 예수가 걸은 길을 걷지 않습니다. 예수를 진리라 말하면서도 예수 아닌 다른 것들을 삶의 중심으로 삼습니다. 주님은 당신의 몸이라 일컬어지는 교회에서 배척받고 계십니다.

주님이 '그 손'으로 보살피셨던 이들이 설 자리가 없습니다. 화려한 예배당, 안락한 시설이 제공될수록 주님이 머무실 자리는 줄어듭니다. 종교성은 넘치지만 참 신앙은 부족합니다. 값싼 은총에 탐닉하는 이들은 많지만 제자로 살기 위해 대가를 치르려는 이들은 많지 않습니다. 자기의 비루한 욕망을 채우기 위해 하나님을 동원하려는 이들은 많지만 하나님 뜻을 이루기 위해 헌신하는 이들은 많지 않습니다.

주님은 지금, 당신의 손과 발이 되어 줄 이들을 찾고 계십니다. 누워 있는 길을 일어서는 길로 바꾸는 손길, 머뭇거리는 슬픔의 살을 기쁨의 살로 바꾸어 내는 손길 말입니다. 먼 데 있는 이들을 돕기 어렵거든 가까이에 있는 이들의 슬픔이라도 어루만지십시오. 그들의 짐을 나누어 지기 위해 몸을 낮추십시오. 우리가 주님 앞에 서는 날 주님은 우리의 손을 보자고 하실 것입니다. 그 손이 부끄럽지 않으려면 지금부터 살리는 손으로 가꾸어 나가야 합니다. 주님의 도우심으로 우리 손이 아름답게 변화되기를 기원합니다.

평화

 추분에서 한로를 향해 가는 절기답게 요즈음 날씨가 아주 선선합니다. 여물던 벼가 서풍에 익어 뿜어내는 누런빛이 얼마나 평안해 보이는지 모르겠습니다. 농부들은 붉은 고추를 내다 말리고 목화는 백설처럼 터지기 시작합니다. 이제 조금 있으면 파란 가을 하늘을 배경으로 붉게 익은 감 열매가 장관을 연출할 것입니다. 옛날 둥근 초가지붕 위에 보름달처럼 달려 있던 박도 그리움으로 떠오릅니다.

 계절은 이렇듯 아름답지만 사람들이 빚어내는 삶의 풍경은 그렇지 못합니다. 시리아 사태는 여전히 해결될 기미가 없고, 케냐에서 벌어진 인질극으로 많은 인명 피해가 났습니다. 필리핀에서는 정부군과 반군의 전투로 수백 명이 죽는 일이 벌어졌습니다. 우리나라에서도 유산 상속을 노린 존속 살해 사건이 벌어져 사람들을 놀라게 하고, '묻지 마 범죄'로 어린 학생이 살해당하는 일도 벌어졌습니다. 이런 일을 볼 때마다 '인간은 하나님의 형상을 따라 지음 받은 존재'라는 말이 무색해지곤 합니다.

 평화의 꿈은 유구합니다. 이 말은 인간의 역사가 갈등과 분쟁으로 점철되었다는 사실을 반증합니다. 에덴 이후의 세계는 형제간 갈등의 역사입니다. 창세기에 등장하는 형제들을 떠올려 보십시오. 가인은 동생 아벨을 죽였습니다. 이스마엘과 이삭은 헤어져 살아야 했습니다. 에서와 야곱은 장자권을 둘러싼 싸움으로 인해 오랜 반목의 세월을 보내야 했습니다. 요셉의 형들은 동생을 미워하여 구덩이에 가두었다가 노예로 팔아 버리기도 했습니다.

물론 이것은 원형적인 이야기입니다. 어디 세상에 형제간의 갈등만 있겠습니까? 이해관계가 엇갈리는 이들이 평화롭게 공존한다는 것은 정말 어려운 일입니다.

저마다 중심이 되려 할 때 세상은 전쟁터로 바뀝니다. 남들의 배고픈 사정은 아랑곳없이 제 배 불리기에만 급급한 사람들, 자기 편안함만 구하는 사람들이 많아질 때 세상은 어두워집니다. 과도한 욕망에 속절없이 끌려갈 때 우리 속에 있는 신성한 불꽃은 꺼지고 맙니다. 누군가가 울고 있을 때 그 옆에서 웃지 않는 것이 사람됨입니다. 피렌체의 개혁자였던 사보나롤라는 "사랑을 해치는 자가 파문당한 자"라고 말했습니다. 경쟁과 효율을 중시하는 세상은 우리에게서 타인들의 아픔에 공감하는 능력을 빼앗아 갑니다. 좌절과 분노와 원망이 독버섯처럼 자라면서 세상은 점점 위험한 곳으로 변해 갑니다.

어처구니없는 꿈

이사야는 애굽과 앗시리아라는 강대국 틈바구니에서 늘 생존의 위협을 받던 조국의 운명을 안타까이 여겼습니다. 전쟁이 끊일 사이 없었던 세상이었지만 그는 평화의 꿈을 버리지 않았습니다. 그는 민족들의 운명이 하나님께 속해 있다고 믿었기에 절망의 상황 속에서도 희망을 버리지 않았습니다. 그는 약소국들을 억압하는 강대국들은 하나님의 엄한 추궁을 받게 될 것임을 예고하면서도 강대국들의 멸절을 소망하지는 않았습니다. 오히려 그들과의 평화로운 공존을 꿈꾸었습니다.

> 그날이 오면, 이집트에서 앗시리아로 통하는 큰길이 생겨, 앗시리아 사람은 이집트로 가고 이집트 사람은 앗시리아로 갈 것이며 이집트 사람이 앗시리아 사람과 함께 주님을 경배할 것이다. 그날이 오면, 이스라엘과 이집트와 앗시리아, 이 세 나라가 이 세상 모든 나라에 복을 주게 될 것이다(사 19:23-24).

어찌 보면 어처구니없는 꿈이지만 그는 그 꿈을 차마 버릴 수 없었습니다. 꿈을 버린다는 것은 결국 비관주의나 허무주의에 빠진다는 것이고, 그것은 곧 불신앙이었으니 말입니다. 평화는 저절로 오는 것이 아니라, 소통의 공간을 계속 만들어 내는 이들의 헌신을 통해 옵니다. 미국 유니온 신학교의 종신교수인 현경 박사는 알자지라 TV에서 본 한 광고를 즐겁게 기억합니다.

이스라엘의 어린 소년이 축구를 하다가 실수로 축구공을 이스라엘과 팔레스타인을 가르는 높은 시멘트 담 너머로 넘겨 버린 것이다. 실망한 소년은 시멘트 담에 뚫린 작은 구멍을 통해 팔레스타인 쪽을 들여다봤다. 그러자 저쪽에서 놀고 있던 또래의 팔레스타인 소년이 그 소년의 얼굴을 보고는 씨익 웃으며 그 공을 힘껏 차 담을 넘겨 돌려보내 준다.[11]

중요한 것은 그 '틈'입니다. 서로를 바라볼 수 있는 작은 틈이 없었다면 이런 멋진 장면은 연출될 수 없었을 것입니다. 시인 김지하는 〈틈〉이라는 시에서, 아파트 사이사이 빈틈으로 불어오는 꽃샘바람에 감응하여 "갇힌 삶에도/봄 오는 것은/빈틈 때문//새 일은 늘/틈에서 벌어진다"고 노래합니다. 기독교인들은 그런 '틈'을 만드는 사람이 되어야 합니다. 전혀 소통할 수 없을 것 같은 사람들을 만나게 하고, 서로에게 귀를 기울이게 해야 합니다. 예수님은 세상이 그어 놓은 모든 경계선을 가로지른 분이십니다. 유대인과 이방인, 남자와 여자, 의인과 죄인, 성과 속 사이에 길을 내 서로 통하게 만드셨습니다. 예수를 믿는다는 것은 그 분이 삶으로 만드신 그 길을 우리 길로 삼아 살아가는 것입니다.

이새의 줄기에서 한 싹이 나며 그 뿌리에서 한 가지가 자라서 열매를 맺는다. 주님의 영이 그에게 내려오신다. 지혜와 총명의 영,

모략과 권능의 영, 지식과 주님을 경외하게 하는 영이 그에게 내려오시니, 그는 주님을 경외하는 것을 즐거움으로 삼는다. 그는 눈에 보이는 대로만 재판하지 않으며, 귀에 들리는 대로만 판결하지 않는다. 가난한 사람들을 공의로 재판하고, 세상에서 억눌린 사람들을 바르게 논죄한다. 그가 하는 말은 몽둥이가 되어 잔인한 자를 치고, 그가 내리는 선고는 사악한 자를 사형에 처한다. 그는 정의로 허리를 동여매고 성실로 그의 몸의 띠를 삼는다. 그 때에는, 이리가 어린 양과 함께 살며, 표범이 새끼 염소와 함께 누우며, 송아지와 새끼 사자와 살진 짐승이 함께 풀을 뜯고, 어린 아이가 그것들을 이끌고 다닌다. 암소와 곰이 서로 벗이 되며, 그것들의 새끼가 함께 눕고, 사자가 소처럼 풀을 먹는다. 젖 먹는 아이가 독사의 구멍 곁에서 장난하고, 젖 뗀 아이가 살무사의 굴에 손을 넣는다. "나의 거룩한 산 모든 곳에서, 서로 해치거나 파괴하는 일이 없다." 물이 바다를 채우듯, 주님을 아는 지식이 땅에 가득하기 때문이다(사 11:1-9).

이사야는 주님의 영, 지혜와 총명의 영, 모략과 권능의 영, 지식과 주님을 경외하게 하는 영이 내린 그 분이 오신다고 말합니다. 무엇보다도 제게 깊이 감응된 구절은 '주님을 경외하게 하는 영'이라는 표현입니다. 주님을 경외한다는 것은 오직 주님만을 모든 판단과 실천의 중심으로 삼고 살아간다는 말일 것입니다. 오시는 그 분은 세상을 눈에 보이는 대로 재판하지 않으십니다. 귀에 들리는 대로만 판결하지도 않습니다. 그를 온통 사로잡고 있는 것은 하나님의 뜻입니다. 그 뜻을 이루는 것이 그의 꿈입니다.

지난 추석 연휴 기간 중에 원로 언론인인 임재경 선생님을 만나 뵈었습니다. 신앙생활을 하지 않는 분이셨지만 오래 전 독일에 머무는 동안 들었던 독일 교회 이야기 두 가지를 들려주셨습니다. 하나는, 옛 동독의 공산당 서기장이었던 호네커가 러시아에서도 쫓겨나 오갈 데 없게 되었을 때 철저한 반공주의자였던 한 목사님이 그를 자기 집에 모셨던 일입니다. 호네커는 러시아의 옐친에게 몸을 의탁했었지만 통일 독일과 좋은 관계를 맺고 싶었던 옐친이 그를 독일로 돌려보냈던 것입니다. 그 목사님은 그런 결정을 의아해하는 이들에게 '길 잃어버린 양에게 쉼터가 되어 주는 것은 마땅한 일이 아니냐?'고 반문했다고 합니다. 이데올로기를 훌쩍 넘은 신앙입니다.

다른 하나는 지금 독일의 총리인 메르켈의 아버지 호르스트 카스너 목사 이야기였습니다. 그는 1954년에 목사 안수를 받았습니다. 교단 책임자가 파송 받고 싶은 곳이 어디냐고 묻자 "특별히 가고 싶은 곳은 없습니다. 주님께서 저를 필요로 하시는 곳이라면 어디든 가겠습니다"라고 대답했습니다. 그러자 책임자는 동독의 브란덴부르크에 있는 작은 마을 템플린으로 가겠느냐고 물었고, 그는 기꺼이 그 파송을 수용했습니다. 억압이 있는 그곳이야말로 자기가 부름 받은 자리임을 느꼈기 때문입니다. 메르켈은 그곳에서 태어났습니다.

하나님을 믿지 않는 임재경 선생이 감동한 것은 이런 자기희생과 헌신입니다. 세상이 기독교에게 기대하는 모습이 이런 것이 아닐까요?

해치거나 파괴하는 일이 없는 세상

하나님의 영에 사로잡혀 '정의로 허리를 동여매고 성실로 몸의 띠를 삼는' 이가 지배하는 세상에서 모든 폭력은 가뭇없이 사라집니다. 그곳은 세상에 있는 모든 피조물들이 상생하며 살아가는 새 하늘과 새 땅입니다. 이사야는 그런 세상의 모습을 한번 들으면 잊을 수 없는 유려한 형상언어에 담아냈습니다.

그때에는 이리가 어린 양과 함께 살며, 표범이 새끼 염소와 함께 누우며, 송아지와 새끼 사자와 살진 짐승이 함께 풀을 뜯고, 어린 아이가 그것들을 이끌고 다닌다. 암소와 곰이 서로 벗이 되며, 그것들의 새끼가 함께 눕고, 사자가 소처럼 풀을 먹는다. 젖 먹는 아이가 독사의 구멍 곁에서 장난하고, 젖 뗀 아이가 살무사의 굴에 손을 넣는다(6-9절).

이것은 자연의 본성과는 맞지 않는 꿈입니다. 육식동물이 초식동물로 환골탈태하지 않고는 불가능합니다. 그래서일까요? 이사야는 사자가 소처럼 풀을 먹는다고 말하고 있습니다. 조금 당황스럽습니다. 이것은 하나님의 창조 질서 그 자체를 부정하는 것처럼 보이기 때문입니다. 하지만 우리는 이것이 동물 상징을 사용하고 있지만 결국 인간 세상에 대한 이야기임을 압니다. 우리 속에는 이리, 표범, 곰, 사자, 독사도 있고, 양과 염소, 암소와 젖 먹는 아기도 있습니다. 한 사회 속에도 전자에 속하는 이들이 있고 후자에 속하는 이들이 있습니다. 이사야가 꿈꾸는 것은 그들의 평화로운 공존입니다. 강하다고 하여 약자를 함부로 해치거나 파괴하지 않는 세상 말입니다. 그런 세상은 다른 이들을 자기 방식대로 동화시키려 하지 않습니다. 함께 우정을 나누면서 평화의 기운을 주변에 퍼뜨립니다. 앞서도 한번 언급했듯이, 이반 일리히는 이런 삶의 방식을 '공생con-viviality'이라는 단어로 표현했습니다. '생기를 불어넣으며 함께 살아가는 삶'을 이르는 말입니다. 평화란, '네가 있어 참 다행'이라고 말하는 것이라지요? 진정한 경건이란 이 말 한 마디를 제대로 하는 것이 아닐까요?

    우리는 그런 세상에서 살고 싶습니다. 그런 세상이 올까요? 서절로 오지는 않습니다. 평화를 미워하는 이들 사이에 살면서도 단호히 평화를 선택하는 이들의 용기를 통해서 옵니다. 평화를 선택하는 이들은 많은 경우 경계의 시선에 시달리거나 의구심의 대상이 되기도 합니다. 그들은 낯선 존재들이기 때문입니다. 하지만 잊지 마십시오. 예수님도 당시의 사람들에게는 낯선 사람이었습니다. 그렇기에 박해를 받으셨습니다. 십자가는 평화를 꿈꾸고 사랑하는 이들의 운명인지도 모릅니다. 그 운명을 사랑하십시오. 그때 영원의 빛이 우리 속에 비쳐올 것입니다. 삶을 하나님의 빛 가운데서 바라보면 모든 것이 달라집니다. 이사야는 그런 하나님의 빛과 만났기에 역사에 대한 이런 꿈을 꿀 수 있었습니다. 그 빛은 우리 속에 있는 일체의 허위나 가면, 갑옷들을 벗겨 냅니다.

벌거벗음의 길

하나님의 빛과 만나 평화의 사도로 살았던 한 사람이 있습니다. 성 프란체스코입니다. 10월 4일은 그의 축일입니다(1226년 10월 4일). 그가 세상을 떠나 하나님께 돌아간 날이라는 말입니다. 죽음이 다가오고 있음을 알아차리자 그는 산 다미아노에 머물고 있던 성 클라라와 자매들에게 작별을 고하고, 그가 수도회를 시작했던 작은 예배당 포르티운쿨라에서 임종을 준비했습니다. 그는 수도사들에게 자기가 죽으면 옷을 벗겨 맨바닥에 눕혀 달라고 부탁했습니다. 벌거벗은 채 바닥에 누움으로써 자기의 새로운 탄생을 재현하고 싶었던 것입니다. 그는 일찍이 주님을 위해 살겠다고 작정했을 때 아씨시의 귀도 주교와 아버지 피에트르 앞에서 옷을 다 벗었던 적이 있었습니다. 그것은 물론 세상에 속했던 것들을 벗어 던지고 그리스도를 위한 방랑자로 살겠다는 상징적 행동이었겠지만, 그 벌거벗음은 의미심장합니다.

우리는 자꾸만 우리 위에 뭔가를 입고 또 입습니다. 적대적인 세상에서 자신을 지키기 위해서입니다. 돈과 명예 그리고 권세라는 옷을 입기 위해 안간힘을 다합니다. 그 옷이 두꺼워질수록 자아도 강화됩니다. 자신이 마치 뭐라도 된 것같이 느낍니다. 이런 사람일수록 타인에게 너그럽지 못하고 주변 사람들을 불편하게 할 때가 많습니다. 많이 입는다는 것은 그만큼 부자유스러워진다는 말입니다. 믿음 생활이란 가벼워지기 위해 자꾸만 벗고 또 벗는 과정이어야 합니다. 자기 무게를 감당할 수 없는 이들이 세상을 이 지경으로 만들었습니다. 성 프란체스코의 기도로 알려진 〈평화의 기도〉는 사실 그가 쓴 것은 아닙니다. 하지만 프란체스코의 정신을 오롯이 담고 있기에 그의 기도라 해도 무방합니다. 평화가 무너진 세상에 사는 동안 우리는 그 기도를 가슴에 새기고 살아야 합니다.

주님/나를 평화의 도구로 삼아 주십시오./미움이 있는 곳에 사랑을/상처가 있는 곳에 용서를/불화가 있는 곳에 일치를/의심이 있는 곳에 믿음을/오류가 있는 곳에 진리를/절망이 있는 곳에 희망을/슬픔이 있는 곳에 기쁨을/어둠이 있는 곳에 광명을 심게 하소서./오 거룩하신 주님/위로를 구하기보다는 위로하게 하시고/이해를 구하기보다는 이해하게 하시고/사랑을 구하기보다는 사랑하게 하소서./우리는 줌으로써 얻고/용서함으로 용서받고/죽음으로써 영생에 이르기 때문입니다. 아멘.

이 기도를 몸으로 번역해 내는 과정이 곧 우리 삶이 되기를 기원합니다. 평화를 선택하는 용기를 가질 때 우리는 이사야, 프란체스코, 그리고 우리 주님과 같은 길 위에 서게 될 것입니다. 우리를 통해 선하고 따뜻한 기운이 세상에 번져가는 꿈을 꾸며 오늘도 내일도 평화의 일꾼으로 살아가시기를 바랍니다.

동행

현대인을 가리켜 호모 노마드Homo Nomad, 즉 유랑하는 인간이라고 명명하는 이들이 있습니다. 비행기와 자동차를 통해 우리는 늘 이동 중입니다. 노동자들은 일자리를 찾아 국경을 넘나들고, 삶에 지친 이들은 재충전을 위해 먼 곳으로 여행을 떠납니다. 집에 앉아 있어도 사람들은 인터넷 서핑을 통해 세상 도처를 떠돕니다. 호모 노마드들 손에는 휴대전화가 들려 있습니다. 그들은 먼 곳에 있는 누군가와 늘 접속을 시도합니다. 과거에는 한 직장에서 오랫동안 근무하는 이들이 성실한 사람으로 인정받았지만, 지금은 오히려 무능한 사람으로 낙인찍히기 쉽습니다.

지금이야 이동이 용이한 시대이지만, 교통수단이 여의치 않았던 옛날에는 유랑인으로 산다는 게 보통 어려운 일이 아니었을 것입니다. 작년 2월 성지순례 때, 저는 도시에서 도시로 떠돌며 복음을 전했던 바울 사도의 마음을 헤아려 본 적이 있습니다. 안디옥에 있는 베드로 암굴교회를 본 후, 오론테스 강이 유유히 흐르는 안디옥을 뒤로 하고 우리는 바울의 출생지인 다소Tarsus를 향해 떠났습니다.

우리 앞에는 머리에 백설을 이고 있는 토루스산맥이 장엄하게 펼쳐져 있었습니다. 리무진 버스도 허위허위 넘는 그 고갯길에서 문득, 바울 사도는 이 길을 걸어서 넘었으리라는 생각에 가슴이 저려 왔습니다. 몸이 힘든 것은 말할 것도 없고, 그 길에서 어떤 위험을 만날지도 모르는 상황에서 바울은 무슨 생각을 했을까요? 그때 긴 여정에 지쳤던 저는 MP3를 통해 음악을 듣고 있었는데, 마침 흘러나온 곡은 〈하나님은 너를 지키시는 자〉였습니다.

> 하나님은 너를 지키시는 자 너의 우편에 그늘 되시니
> 낮의 해와 밤의 달도 너를 해치 못하리
> 하나님은 너를 지키시는 자 너의 환난을 면케 하시니
> 그가 너를 지키시리라 너의 출입을 지키시리라
> 눈을 들어 산을 보아라 너의 도움이 어디서 오나
> 천지 지으신 너를 만드신 여호와께로다

저는 그 노래를 마음으로 따라 부르다가, 소아시아에서 복음을 전하던 바울이 예기치 않은 성령의 인도에 의해 선교의 지평을 그리스로 확장했을 때 이야기가 생각났습니다. 바울 사도의 마음이 이랬겠구나 하는 생각에 벅찬 감동을 느꼈습니다.

그 뒤에 바울은 아테네를 떠나서, 고린도로 갔다. 거기서 그는 본

도 태생인 아굴라라는 유대 사람을 만났다. 아굴라는 글라우디오 황제가 모든 유대 사람에게 로마를 떠나라는 칙령을 내렸기 때문에, 얼마 전에 그의 아내 브리스길라와 함께 이탈리아에서 온 사람이다. 바울은 그들을 찾아갔는데, 생업이 서로 같으므로, 바울은 그들 집에 묵으면서 함께 일을 하였다. 그들의 직업은 천막을 만드는 일이었다. 바울은 안식일마다 회당에서 토론을 벌이고, 유대 사람과 그리스 사람을 설득하려 하였다(행 18:1-4).

복음의 불모지인 그리스는 성찬을 차려 놓고 바울을 기다리지 않았습니다. 그는 가는 곳마다 어려움을 겪었습니다. 빌립보에서는 감옥에 갇혔고, 데살로니가에서는 유대인들의 박해를 받았습니다. 그들을 피해서 베뢰아로 갔지만 유대인들은 그곳까지 원정을 와서 바울 일행을 괴롭혔습니다. 쫓기다시피 해서 내려간 아테네에서의 복음 전파는 참담한 실패로 끝났습니다. 아무리 '사나 죽으나 나는 주의 것'이라고 고백했던 바울이지만 이쯤 되면 지칠 수밖에 없었을 것입니다.

예비하시는 하나님

바울이 고린도에 도착했을 때 그는 극심한 마음의 동요를 겪은 것으로 보입니다. 바울 사도는 고린도교회에 보낸 편지에서 당시 자기 마음의 정황을 이렇게 진솔하게 말하고 있습니다.

내가 여러분과 함께 있을 때에, 나는 약하였으며, 두려워하였으며, 무척 떨었습니다(고전 2:3).

하나님의 일을 하는 사람이라고 꼭 강철 같은 심장을 가져야 하는 것은 아닙니다. 어떤 경우에도 흔들리지 않는 이들보다는, 때때로 흔들리지만 그때마다 하나님의 도움을 간청하지 않을 수 없는 이들이 오히려 주님의 쓰임을 받을 때가 많습니다.

바울이 당도한 고린도는 그리스 남부 아가야 지방의 수도였습니다. 고린도는 주전 146년에 로마의 루시우스 뭄미우스Lucius Mummius 장군에 의해 철저히 파괴된 적이 있었습니다. 하지만 주전 46년경에 율리우스 시저Julius Caesar에 의해 재건되었고, 바울이 이곳에 당도했을 무렵에는 무려 60~70만 명의 주민이 사는 국제적인 도시로 성장해 있었습니다. 당시의 인구 밀도를 생각해 보면 고린도가 얼마나 큰 도시였는지 알 수 있습니다. 아테네가 학문과 예술의 중심지였다면 항구 도시였던 고린도는 상업의 중심지였습니다. 고린도에 있는 아크로폴리스 언덕에는 여신 아프로디테를 섬기는 신전이 있었고, 그 신전에는 무려 천 명이나 되는 창녀 겸 여사제들이 있었다고 합니다. 각지에서 돈이 모여들고, 신전 창녀들이 들끓는 그 도시에서 바울은 무슨 일을 어떻게 시작해야 할지 암담했을 것입니다. 하지만 하나님은 당신의 종들에게 어떤 일을 시키실 때면 꼭 그 일을 돕는 이를 보내 주십니다.

하나님은 이미 그 도시에 아굴라와 브리스길라 부부를 예비해 놓고 계셨습니다. 본도(Pontus, 터키 북부의 흑해 연안 지역) 출신인 아굴라는 일찍이 로마로 이주해서 천막 짓는 일을 하며 살던 사람입니다. 하지만 글라디우스 황제가 유대인 추방령을 내렸고, 그래서 로마를 떠나야 했을 때 그들 내외도 고린도로 이주했습니다. 개인적으로는 큰 시련이었을 것입니다. 그들은 왜 고린도를 택했을까요? 대도시였으니 일감이 많을 거라는 기대 때문이었겠지요? 하지만 그들의 배후에는 하나님의 보이지 않는 손길이 작용하고 있었습니다. 우연처럼 보이는 만남이 사실은 필연일 때가 많습니다. 랍비 교육을 받을 때 천막 기술을 배웠던 바울은 이미 복음을 영접했던 그들 내외의 집에 머물면서 함께 일을 하게 되었습니다. 고린도라는 낯선 도시와의 접촉점은 그렇게 마련되었습니다. 그는 주중에는 천막 만드는 일을 하고 안식일이 되면 회당에 가서 그리스도를 전했습니다. 처음에는 노동과 선교를 병행하다가 나중에 실라와 디모데가 당도한 뒤에는 말씀 전하는 일에만 전념했습니다. 바울은 고린도에 일 년 육 개월 동안 머물렀습니다.

동행의 법칙

바울이 또 다른 선교지인 에베소를 향해 떠날 때에 브리스길라와 아굴라 부부도 동행하였습니다. 그들은 복음 전도자인 바울의 든든한 후원자가 되기 위해 자신들의 삶터를 또 다시 떠나는 모험을 감행했던 것입니다. 비상한 결단이 아닐 수 없습니다. 그들의 삶에서 중요한 것은 이제 밥벌이가 아니라 복음 전파였던 것입니다. 그들은 성령의 이끄심에 순종하며 살았습니다. 그들 부부는 에베소에 온 아볼로라는 사람을 데려다가 복음의 진수를 가르치기도 했습니다. 이미 깊은 학식과 기독교에 대한 정확한 지식을 가지고 있었으나 내적인 변화를 경험하지 못한 그를 도와 하나님의 종으로 바로 세웠던 것입니다. 나중에 바울은 자기의 인생을 돌아보는 시간에 그들 부부를 감사함으로 기억하고 있습니다.

> 그리스도 예수 안에서 나의 동역자인 브리스가와 아굴라에게 문안하여 주십시오. 그들은 생명의 위험을 무릅쓰고 내 목숨을 구해 준 사람들입니다. 나뿐만 아니라, 이방 사람의 모든 교회도 그들에게 감사하고 있습니다(롬 16:3-4).

바울은 그들 부부를 '동역자'라고 부릅니다. 그들이 자기를 위해 생명의 위험도 무릅썼다고 말합니다. 바울은 행복한 사람입니다. 이런 아름다운 동행이 있으니 말입니다. 복음의 대의를 위해 삶의 안일을 버린다는 것은 말처럼 쉬운 일이 아닙니다. 바울과 만난 후 그들은 그리스도의 멍에를 멘 사람이 되었습니다. 그리고 바울의 든든한 동행이 되었습니다. 마음이 하나 되어 한 길을 걸어가는 벗이 있다는 것은 얼마나 고마운 일입니까? 여러분에게는 이런 동행이 있습니까?

이오 이현주 목사님은 40년 지기인 김동완 목사님의 출판기념회에 참석했다가 그 자리에서 〈동행의 법칙〉이라는 시를 썼습니다.

태어나서 죽을 때까지
왼손은 왼손
오른손은 오른손이다.

살아 있는 동안
왼손은 왼손의 길을 가고
오른손은 오른손의 길을 가거라.
그러나
따로 놀아서는 안 된다.
사실은
따로 놀 수도 없는 신세다.

일을 할 때에
작은 일 따위는 각자 알아서 하되
무거운 항아리를 들 때에는
함께 힘을 모아야 한다.
그래도 맞잡지는 말아라.

두 손을 맞잡고서는
아무 일도 못한다,

하나님께 기도드리는 일 말고는!

왼손은 왼손의 길을 가고 오른손은 오른손의 길을 가되 따로 놀지는 않는 것, 일을 할 때는 각자 알아서 하지만 무거운 항아리를 들 때는 함께 힘을 모으는 것, 바로 그것이 이오 목사님이 생각하는 동행의 법칙입니다.

지금 누구의 동행이 되어 걷고 있는가?

실의에 잠겨 예루살렘 서편에 있는 엠마오를 향해 가던 두 사람은 길 위에서 낯선 나그네와 동행하게 되었습니다. 그 짧은 동행이 그들의 삶을 뒤바꾸어 놓았습니다. 에티오피아 여왕 간다게의 재정 관리인이었던 내시는, 광야에서 빌립과 동행하였다가 진리를 깨닫게 되었습니다. 여러분도 이런 동행이 있으십니까? 삶이 제아무리 힘겨워도 낙심하지 마십시오. "나는 너희를 고아처럼 버려두지 아니하고, 너희에게 다시 오겠다"(요 14:18) 하신 분이 우리의 동행이십니다. 이것이 바로 우리 희망의 뿌리입니다.

주님의 동행이 된 사람들은 누군가의 동행이 되어야 합니다. 지금 나의 곁에 있는 사람이 나로 인하여 진리의 길을 바르게 걷고 있습니까? 함께 길을 가는 그의 얼굴이 밝아지고, 마음에 산들바람이 부는 것처럼 행보가 가뿐하다면, 나는 그의 좋은 동행입니다. 지난 월요일과 화요일에 우리 교회에서는 장애인들을 돕는 코디네이터들에 대한 교육이 있었습니다. 저는, 그 교육을 주관한 단체의 사무총장이신 박정자 님을 볼 때마다 마음이 맑아짐을 느낍니다. 그는 몸이 자유롭지 못한 이들의 절친한 벗이 되어 살고 있습니다. 그가 있어 많은 장애인들이 살아갈 용기를 얻습니다. 그의 환한 얼굴은 그의 내면에 있는 기쁨을 드러내 보여줍니다. 누군가의 동행이 된 사람, 그것도 사랑받지 못한 사람, 효율을 숭상하는 세상에서 뒤처질 수밖에 없는 사람, 장애인들… 이런 이들의 동행이 된 사람이야말로 하나님 나라의 첨병들입니다.

저는 지난 일 년 동안 인터넷 신문 〈프레시안〉이 연재한 "팔레스타인과의 대화"를 꼼꼼하게 읽었습니다. 팔레스타인 작가들과 한국의 작가들은 편지 형식의 글을 통해 서로의 아픔과 문화 그리고 꿈을 이해하게 되었습니다. 마지막 편지에서 자카리아 무함마드는 한국과 팔레스타인 사이에 길이 이미 닦여졌으며 많은 이들이 그 길을 따라 전진하고 있다고 말했습니다. 인간다움과 우정이 소중한 가치로 여겨지는 세상을 열기 위해 한국의 작가들과 팔레스타인 작가들은 동행이 되었습니다.

동행, 그것은 희망입니다. 나 홀로가 아니라는 사실을 아는 순간 우리는 넘어진 자리에서 일어설 수 있습니다.

지금 배고프고, 목마르고, 병들고, 헐벗고, 옥에 갇히고, 세상을 이방인처럼 떠도는 나그네의 모습으로 오시는 주님은 동행이 되어 줄 사람을 찾고 계십니다. 주님이 우리의 동행이 되어 주셔서 우리 삶은 든든합니다. 이제는 우리가 주님의 동행이 되어 드려야 합니다. 누군가의 동행이 되는 것이야말로 세상에 희망을 창조하는 일입니다. 특히 고통 받는 이들의 동행이 되는 것은 더욱 아름다운 일입니다. 우리는 어차피 호모 노마드로 이 세상을 걷고 있습니다. 브리스길라와 아굴라 부부가 있어 바울의 마음이 든든했던 것처럼 우리도 누군가의 삶에 든든한 동행이 되기를 기원합니다.

순명_____

이른 새벽에 일어나 앉아 말씀 주실 것을 청하고 성경을 펴자 오늘의 본문이 나왔습니다. 읽고 또 읽고는 메모지에 한자로 '순명順命'이라고 썼습니다. 이 단어는 강한 흡인력을 가지고 제 삶을 돌아보게 했습니다. 우리의 일생이란 우리가 선택한 오늘 하루를 닮는다지요? 거꾸로 말하자면 오늘을 사는 모습을 보면 그의 한평생이 그려진다는 말일 것입니다. 그래서 저는 분주함 가운데서도 중심을 놓치지 말고, 어떤 일이든 기꺼이 감당하자고 스스로 다짐하곤 합니다. 하지만 그렇게 살지 못할 때가 많았습니다. '순順'이라는 단어는 시내의 흐름을 뜻하는 '천川' 자와 머리를 뜻하는 '혈頁' 자가 결합된 것입니다. 즉 우리 머리를 마땅히 그러해야 할 자리에 두고 사는 것이 '순順'하는 삶입니다. 물의 흐름에는 억지가 없습니다. 낮은 곳이 있으면 거기로 흘러가고, 장애물을 만나면 돌아 흐르고, 폭포를 만나면 떨어지고, 웅덩이를 만나면 머뭅니다. 억지가 없기에 비애도 없습니다.

    삶이 이렇게 자연스럽다면 얼마나 좋겠습니까? 그런데 우리 마음은 하루에도 열 두 번씩 변합니다. '희노애락애오욕喜怒哀樂愛惡欲'의

칠정七情 속에서 방황합니다. 이 지긋지긋한 방황을 끝내는 방법이 없을까요? 있습니다. 그것은 '명命'에 '순順'하는 것입니다. '명命'은 높은 사람이나 신이 내리는 명령을 뜻하는 '령令' 자와 입을 뜻하는 '구口' 자가 결합된 글자입니다. 삶은 소명입니다. 하나님은 우리 각자에게 마땅히 해야 할 일을 주어 이 세상에 보내셨습니다. 그러니까 삶이란 하나님의 소명을 실현하기 위한 헌신의 과정이어야 합니다. 이렇게 말하면 인생이 너무 무거워지나요?

사람들에게 존경받는 스승이 있었습니다. 첫 아이가 태어나자 스승은 싱글벙글하며 아이를 바라보고 있었습니다. "아기가 자라서 어떤 사람이 되었으면 좋겠습니까?"라고 누가 묻자 그는 지체 없이 대답했습니다. "기막히게 행복한 사람." 좋지요? 이게 우리를 내신 하나님의 뜻이 아닐까요? 사람의 소명이 행복 혹은 기쁨이라고 이야기하면 사람들은 당황한 표정을 짓습니다. 너무 평범해서 그런가요? 우리는 하나님이 이 세상을 창조하셨고, 우리를 내셨다고 고백합니다. 천지만물을 지으신 하나님은 당신의 뜻대로 이루어진 세상을 보며 기뻐하셨습니다.

수메르 신화는 신이 인간을 만든 목적은 종으로 부리기 위해서라고 말합니다. 하지만 성경은 창조가 하나님의 기쁨임을 보여 줍니다. 우리는 하나님의 기쁨으로 이 세상에 온 것입니다. 그러니 감동하고 찬탄하고 행복을 누리는 것이, 피조물인 우리가 하나님께 바칠 수 있는 최고의 경배가 아니고 무엇이겠습니까?

주의 깊게 들음

그런데 지금 여러분은 행복하십니까? 이 질문은 참 불편합니다. 누군가가 서슴없이 '네'라고 대답하면 다른 사람들의 눈빛이 살짝 흔들립니다. 그들은 속으로 '팔자가 좋아서…'라는 말을 꿀꺽 삼킵니다. '아니요'라고 답하면 '무슨 사연이 있는 모양이구나' 하면서 탐색하는 시선을 보냅니다. 현대인들은 너무 분주해서 행복을 맛보고 누릴 여유를 잃어버린 채 사는 것 같습니다. 남자용 속옷 회사에 다니는 사람이 로마에 다녀왔다고 말하자 동료가 물었습니다. "교황도 뵈었나?" "그럼." "정말? 그래, 어떻던가?" "글쎄, 보아하니 사이즈가 100쯤 되더군." 이게 우리 삶이 아닌가요? 정말 보아야 할 것을 보지 못하고, 들어야 할 것을 듣지 못하기에 삶이 어렵습니다.

그러면 어떻게 해야 하겠습니까? 우리가 율법 아래 있지 않고, 은혜 아래에 있다고 해서, 마음 놓고 죄를 짓자는 말입니까? 그럴 수 없습니다. 여러분이 아무에게나 자기를 종으로 내맡겨서 복종하게 하면, 여러분은 여러분이 복종하는 그 사람의 종이 되는 것임을 알지 못합니까? 여러분은 죄의 종이 되어 죽음에 이르거나, 아니면 순종의 종이 되어 의에 이르거나 하는 것입니다. 그러나 하나님께 감사하는 것은, 여러분이 전에는 죄의 종이었으나, 이제 여러분은 전해 받은 교훈의 본에 마음으로부터 순종함으로써, 죄에서 해방을 받아서 의의 종이 된 것입니다(롬 6:15-18).

성경은 사람들이 행복의 능력을 잃어버리고 찬탄할 줄 모르게 된 것은 죄에 팔린 몸이 되었기 때문이라고 말합니다. 죄는 하나님과 우리 사이를, 세상의 만물과 우리 사이를 갈라놓는 힘입니다. 죄는 무거움이어서 우리 영혼을 날개 잘린 새처럼 하늘로 날아오를 수 없게 만듭니다. 하지만 예수 그리스도의 구속의 은총에 의해 우리는 하나님의 자녀로 거듭나게 되었습니다. 바울 사도는 "죄가 많은 곳에 은혜가 더욱 넘치게 되었습니다"(롬 5:20b)라고 말하면서 "그것은, 죄가 죽음으로 사람을 지배한 것과 같이, 은혜가 의를 통하여 사람을 지배하여, 우리 주 예수 그리스도로 말미암아 얻는 영원한 생명에 이르게 하려는 것"(롬 5:21)이라 했습니다.

주님의 은혜로 우리는 지난 날 지은 모든 죄와 죄책으로부터 해방되었습니다. 영원한 생명을 맛보았습니다. 하지만 아직도 우리는 육체 가운데 살고 있기 때문에 지난날의 죄의 습성을 온전히 끊어버리지 못했습니다. 먹을 것에 욕심내고, 쾌락에 빠지고, 소유에 집착합니다. 화를 다스리지도 못합니다. 교만한 태도로 사람들을 대하기도 하고, 때로는 낙심하기도 합니다. 도대체 어떻게 해야 할까요?

바울 사도는 우리가 죄의 종이 아니라 하나님의 뜻에 순종하는 사람이 되기 위해 늘 정신 차리고 살아야 한다고 말합니다. 즉 순명의 자세를 가지고 살라는 것입니다. "주님, 말씀하십시오. 주의 종이 듣겠나이다." 이게 바로 성도의 삶의 태도입니다. 순종 혹은 순명을 뜻하는 영어 단어 obedience는 잘 듣는다는 뜻의 라틴어 obaudire에서 나온 말입니다. 주님의 뜻을 헤아리기 위해 주의 깊게 듣는 태도를 가지고 살 때 우리는 죄의 종이 되지 않을 수 있습니다. 지금 우리는 누구의 소리에 귀를 기울이며 살고 있습니까? 현대인들은 대중매체의 압도적인 영향 아래에서 살아갑니다. 화려한 이미지와 광고에 넋을 잃고 사는 한 우리 삶에 만족과 기쁨은 없습니다. 욕망에 사로잡힌 영혼은 새로운 것과 짜릿한 것을 찾아다니느라 분주합니다. 불꽃을 향해 날아가는 부나비와 같습니다. 부나비는 그 황홀해 보이는 불꽃이 결국은 자기 날개를 태울 거라는 사실을 알지 못합니다.

순명은 매일매일의 수행

지금 누구의 소리에 귀를 기울이고 사십니까? 우리 영혼이 들떠 있는 한 우리 귀에는 하나님의 세미한 음성이 들려오지 않습니다. 안으로 거두어들임 없이는 영혼이 성숙해질 수 없습니다. 우리의 오감은 성을 지키는 파수꾼처럼 바깥을 살피느라 늘 피곤합니다. 보고 듣고 만지고 맛보고 냄새 맡느라視聽嗅味觸 쉴 틈이 없기 때문입니다. 하루 중 삼십 분만이라도 말과 생각을 그치고 오감을 쉬게 해 보십시오. 몸과 마음의 평안함을 느낄 수 있을 것입니다. 오감을 쉬게 하는 방법 중 제일 좋은 것은 조용히 눈을 감고 침묵하는 것입니다. 우리가 말을 그칠 때 하늘의 소리가 들려옵니다. 순명하는 자세로 살아간다는 것은 자율성을 포기하라는 말이 아닙니다. 삶의 주파수를 하늘에 맞추어 놓고 살아가라는 것입니다. 예수님은 그것을 하나님 나라와 그의 의를 먼저 구하는 삶이라고 하셨습니다. 예수님은 늘 하나님을 향해 마음의 귀를 열어 놓고 사셨습니다. 아버지의 뜻을 이루기 위해 자신을 온전히 내놓으신 예수님이 불행한 삶을 살았나요? 생명의 신비에 대해서 아무 것도 모르는 사람들은 그렇게 말할 수 있습니다. 그래서 바울 사도가 "십자가의 말씀이 멸망할 자들에게는 어리석은 것이지만, 구원을 받는 사람인 우리에게는 하나님의 능력입니다"(고전 1:18)라고 말했던 것입니다. 아버지에 대한 예수 그리스도의 순명은 자유의 제한이 아니라, 오히려 자신을 강하게 하고 힘을 주는 양식이었습니다(요 4:34).

가톨릭의 수도자들은 순명서원, 청빈서원, 정결서원 등 세 가지 서원을 합니다. 그런데 어떤 이들은 그런 서원이 인간성을 거스르는 것이라고 비난합니다. 공동체의 지도자들에 대한 복종을 포함하는 순명서원은 철저한 자율성과 개인주의를 근본으로 하는 인간의 의식과 상충된다는 것입니다. 또 청빈서원은 우리 문화 안에서 가난해진다는 것은 실패와 무익함의 표지이기에 적절치 않고, 정결서원은 성적인 실현에 대한 인간의 보편적 권리의 불합리한 거부라는 것입니다. 그럴싸하긴 하지만 그들은 서원의 영적인 의미를 알지 못하기 때문에 그런 말을 합니다. 서원은 하나님의 신실하심과 자비하심을 철저히 신뢰하는 사람만 할 수 있습니다.

순명이란 '귀 기울여 듣는 것'입니다. '지금 그리고 여기'에 있는 우리에게 건네시는 하나님의 말씀에 귀를 기울이고, 그 뜻을 분별하여 따르는 것이 순명입니다. 하지만 순명은 하나님을 믿는 형제자매들 상호간의 윤리이기도 합니다. 누군가가 교회 안에서 '내 지위가 높으니까 그대는 무조건 내 말을 따르라'고 한다면 그것은 억지입니다. 우리가 공동체로 부름을 받은 까닭은, 나만의 소리를 내지 않고 다른 이들의 소리를 들으면서 조화로운 화음을 이루는 법을 배우라는 하나님의 초대입니다. 순명이란, 그러니까 더불어 사는 법을 배우는 것입니다. 서로를 존중하고 깊이 이해하지 않고는 더불어 살기 어렵습니다. 그렇기에 순명은 매일매일 우리 자신의 이기심과 미움과 냉담함을 극복해 가는 수행이기도 한 것입니다.

    순명의 반대말은 불평입니다. 불평은 존경심과 감사를 잃어버린 마음에 찾아든 병입니다. 세상에는 우리가 납득할 수 없는 일들이 참 많이 일어납니다. 그래서는 안 되는 일들이 날마다 벌어집니다. 불의한 이들이 의로운 이들을 핍박합니다. 이런 일들이 반복되면서 우리 영혼은 불퉁거리는 병이 들었습니다. 세상을 있는 그대로 바라보지 못합니다. 물론 잘못된 일은 바로잡아야 합니다. 하지만 제일 먼저 바로잡아야 하는 것은 속절없이 흔들리는 우리 마음입니다. 그 마음을 다스리지 못하면 우리는 사탄에게 틈을 주게 됩니다. 사탄은 우리에게 '억울하다'는 생각을 주입하여, 우리를 자기 뜻대로 움직이게 만듭니다. 바울 사도가 했던 죄의 종이 된다는 말이 아마 이런 뜻일 것입니다.

순명 속에 숨겨 두신 귀한 보화

얼마 전 신문에서 원불교 대사식戴謝式에 대한 기사를 보았습니다. 대사식이란, 원불교의 최고위직이라고 할 수 있는 종법사를 모시는 의식입니다. 기자는, 원불교의 평화로운 대사식을 종교인들 진퇴의 모범적인 사례로 내세웠습니다. 원불교의 평화로운 대사식 전통은 1994년에 대산 김대거 종법사가 종단 안팎의 만류에도 불구하고 종법사직에서 물러나 소박한 삶으로 돌아가면서 정착되기 시작했다고 합니다. 대산의 퇴임으로 새로운 종법사를 뽑기 위한 선거가 벌어졌습니다. 쉰여덟 살의 좌산 이광정 종사와 여든여덟 살로 교단의 최고 어른이었던 상산 박장식 종사가 후보로 나왔습니다. 선거 결과 젊은 좌산이 종법사로 선출되었습니다. 선거 결과가 나오자 상산은 즉시 좌산 종법사에게 오체투지五體投地로 절을 올렸습니다. 그 모습은 많은 신자들의 눈물을 자아냈습니다. 종교는 다르지만 상산은 순명이 무엇인지를 우리에게 가르쳐 준 셈입니다.

저는 수도원 운동의 기초를 닦은 베네딕토 성인이 쓴 《수도 규칙》(분도출판사)을 읽다가 아주 재미있는 대목을 발견했습니다. 《수도 규칙》의 22장은 "수도승들은 어떻게 잠자야 하는가"라는 부제가 붙어 있습니다. 베네딕토는, 수도승들은 각각의 침대에서 자야 하며, 할 수 있다면 모든 이들이 같은 곳에서 자야 한다고 말합니다. 너무 많아서 부득이 나누어서 자야 하면 열 명씩 혹은 스무 명씩 자되 그들을 보살필 장로들이 함께 자야 합니다. 등불은 아침까지 침실에 밝혀 둘 것이며, 옷은 입은 채로 자야 합니다. 띠나 끈도 맨 채로 자야 합니다. 그 까닭이 뭔지 아시겠습니까? 수도사들은 항상 준비된 상태로 있다가, 신호가 나면 지체 없이 일어나 하나님의 일에 참여할 수 있어야 하기 때문이랍니다. 순명을 위한 준비인 셈입니다. 신앙생활이란 이런 게 아닐까요? 예수님도 말씀하셨습니다. "너희는 허리에 띠를 띠고 등불을 켜 놓고 있어라. 마치 주인이 혼인 잔치에서 돌아와서 문을 두드릴 때에, 곧 열어 주려고 대기하고 있는 사람들과 같이 되어라"(눅 12:35-36). 바로 이것이 순명의 자세입니다.

저는 너무나 오랫동안 이 순명의 마음을 잊고 살아왔습니다. 이제는 날마다 허리에 띠를 띠고 등불을 켜 놓고 살겠습니다. 주님의 말씀에 귀를 기울이겠습니다. 사랑하는 여러분, 죄의 달콤한 속삭임에 귀를 기울이지 마십시오. 쓰게 느껴지더라도 하나님의 음성에 귀를 기울이십시오. 그리고 형제를, 자매를 진심으로 존중하십시오. 그러면 진짜 행복이 무엇인지를 이해하게 될 것입니다. 하나님은 우리가 불평 없이 서로 사랑하는 그 자리에 인생의 가장 귀한 보화를 숨겨 두셨습니다. 하나님의 뜻에 순종하여 살아갈 때 우리는 죄로부터 해방된 사람이 됩니다. 이보다 큰 보화는 세상에 없습니다. 그 보화를 찾아내 마음껏 누리며 사는 우리가 되기를 기원합니다.

감사 ____

추수감사절이, 살아온 날들을 감사함으로 돌아보며 우리가 마땅히 있어야 할 자리를 재확인하는 기회가 되었으면 좋겠습니다. 오늘은 24절기 가운데 입동立冬입니다. 겨울 채비를 해야 할 때입니다. 저는 비록 도시에 살고 있지만 습관처럼 24절기를 의식하며 삽니다. 절기라는 말은 '마디 절節'과 '기운 혹은 숨 기氣'가 결합된 말입니다. 옛 어른들은 유장하게 흐르는 자연의 순환과 숨결을 나름대로 구획지어 놓고 철에 따라 사셨습니다. 그 숨결을 거스르지 않으니 삶이 여유로웠고 푼푼했던 것 같습니다.

 이맘때가 되면 나뭇잎도 떨어지고 고니는 끼룩거리며 높이 납니다. 여성들은 무와 배추를 수확해 김장을 담그고, 남자들은 독이나 중두리, 바탱이 항아리를 짚으로 감싸 땅에 깊이 묻었습니다. 요즘이야 집집마다 김치냉장고를 들여놓고 지냅니다만, 살림하는 재미는 좀 덜하지 않나 싶습니다. 겨울을 나기 위해서 해야 하는 일은 참 많았습니다. 방고래에 쌓인 재를 고무래로 긁어내야 했고, 바람벽에 맥질도 해야 했습니다. 장난꾸러기 아이들이 뚫어 놓은 창호문도 새로

해야 했고, 쥐구멍도 막아야 했습니다. 소나 돼지가 살고 있는 외양간에는 떼적을 쳐 주어야 하고, 땔나무도 준비해야 했습니다. 하지만 분주하다고 해서 정신이 없지는 않았습니다.

가을걷이가 끝나고 나면 마을 사람들은 함께 어울려 떡도 하고 술도 빚어 신명나게 놀며 부모의 은혜도 기억하고 하늘의 은혜도 기렸습니다. 그때가 아련한 그리움으로 다가오는 것은 단지 오래된 기억이기 때문일까요? 꼭 그렇지만은 않을 것입니다. 그때에 비해 삶은 비교할 수 없을 만큼 풍족해지고 편리해졌지만 이상하게도 마음은 헛헛합니다. 뭔가 고갱이가 쏙 빠진 것 같아 쓸쓸합니다. 언젠가 신문에서 명지대 김정운 교수의 칼럼을 보다가 혼자 피식 웃었습니다. 그는 도무지 그리운 게 없이 사는 자기 삶을 반성조로 돌아보다가 마지막에 이렇게 쓰고 있습니다. "낙엽이 이렇게 서럽게 지는데도 도무지 그리운 게 하나 없다. 아, 이렇게 맛이 가는 거다."[12]

순례 축제

그리움이 없다면 정말 심각한 일입니다. 세상만사에 다 심드렁해지면 우울해지기 쉽습니다. 김정운 교수는 그리운 것도 없고 쓸쓸하기만 할 때, 우리가 할 수 있는 일을 하나 제시합니다. 아주 처절하게 고독해 보라는 것입니다. 혼자 길을 떠나 며칠이고 사람과 만나지 말고 혼자만의 시간을 가져 보라는 것입니다. 공감하지 않을 수 없었습니다. 제가 가끔 삶이 무겁다고 느끼는 것은 내 속에 침묵과 고독의 빈 터가 사라졌기 때문이 아닌가 싶습니다.

아주 오래 전부터 제 가슴을 설레게 하는 단어가 하나 있습니다. '순례'입니다. 순례란 물론 종교인들이 자기들의 정체성의 뿌리가 될 만한 곳을 찾아가는 여정을 뜻하지만, 사실은 자기를 찾아가는 먼 여행이라 할 수 있습니다. 성지순례라 하여 사람들이 단체로 몰려다니는 순례 말고, 정말 철저히 고독한 순례를 해 보고 싶습니다. 기독교인들은 예수님의 숨결이 머물고 있는 갈릴리나 지상에서 마지막으로 걸으셨던 고난의 길via dolorosa을 걷고 싶어 합니다.

순례란 자기 정체성의 뿌리를 찾아가는 여정입니다. 종교religion라는 단어의 어원인 'religare'는 우리를 근원과 다시 연결시킨다는 뜻입니다. 팔레스타인 인근에 살고 있던 유대인들은 1년에 세 차례, 유월절Pascha, 칠칠절Shavuot, 초막절Sukkot에 예루살렘으로 순례를 떠나야 했습니다. 그 절기들은 원래 농사력과 관련되어 있었지만 이스라엘 사람들은 그것을 자기들의 역사적 경험과 결부시켰습니다. 니산월(우리의 경우 3~4월)에 있는 유월절은 보리와 아마 수확을 기념하는 절기였는데 나중에는 출애굽 사건과 연결되었습니다. 이른 무화과와 포도 수확을 기념하는 절기인 칠칠절은 시내산에서 맺은 하나님과의 언약을 기념하는 의미가 덧입혀졌습니다. 대추야자와 여름 무화과를 수확한 후에 즐기는 초막절은 이스라엘의 광야 생활 경험과 결부되었습니다. 각각의 절기마다 자연의 리듬을 배음으로 깔고, 역사적 경험을 주선율로 연주했던 것입니다.

함께 걷는 이들

예루살렘을 향해 올라가는 순례자들의 행렬을 머리에 그려 보십시오. 물론 혼자 걷는 이보다는 누군가와 더불어 걷는 이들이 많겠습니다만 그들은 모두 하나의 지점을 머리에 그리며 나아가고 있습니다. 슬쩍 그 흐름 속에 섞여 들어가 보십시오. 그 흐름 속에 있다는 것이 어떤 느낌일까요? 어딘가에 속해 있다는 안도감 같은 것일까요? 사람들이 가지고 있는 기본적인 욕구 가운데는 '소속에의 욕구'도 있습니다. 그것은 식물로 비유하자면 뿌리를 내리고자 하는 열망이라 할 수 있을 것입니다. 그러니까 소속감은 '나는 결코 혼자가 아니다'라는 사실을 확인하는 것이라 하겠습니다. 지금 내 옆에서 걷고 있는 이들은 모두 나의 설 땅이 되어 주는 사람들입니다. 그렇게 생각하면 앞서거니 뒤서거니 걷는 사람들, 두런거리는 소리, 모두 정겹지 않을 수 없습니다. 그들은 이미 하나의 공동체입니다. 샹 바니에는 "공동체란 모든 사람이-아니 좀 더 현실적으로 보아 대다수가-자기중심이라는 그늘에서 빠져나와 참된 사랑의 빛 속으로 들어가는 장소"[13]라고 설명했습니다.

공동체는 어떤 프로그램을 통해 형성되는 것이 아닙니다. 공동체의 기본 조건은 공통의 지향입니다. 이해관계도 다르고, 생각하는 바도 다른 이들이 순례를 통해 자기 정체성을 확인합니다. 이스라엘 사람들은 순례를 통해 출애굽 사건을 기억 속에 소환하곤 했습니다. 하나님은 사회적 약자들의 신음 소리를 기도로 들으시는 분이었습니다. 그들은 순례를 통해 시내산 계약을 떠올렸습니다. '제사장 나라와 거룩한 백성'으로 부름 받은 자기들의 소명을 재확인했습니다. 순례를 통해 그들은 조상들이 감내해야 했던 광야 생활의 고달픔과 그 속에서 맛보았던 하나님의 도우심과 인도하심을 떠올리고 감사했습니다. 순례는 그처럼 사람들을 마땅히 있어야 할 마음자리로 이끌어 줍니다.

저는 순례의 축제를 가진 나라를 부러워합니다. 시편 기자는 "축제의 함성을 외칠 줄 아는 백성은 복이 있습니다. 주님, 그들은 주님의 빛나는 얼굴에서 나오는 은총으로 살아갈 것입니다"(시 89:15)라고 노래합니다. 좋은 나무에서 딴 열매를 가져오고, 종려나무 가지와 갯버들 나무를 꺾어 들고 그들은 하나님을 찬양합니다. 찬양을 통해 그들은 더 깊이 하나로 엮여집니다.

오늘, 우리의 감사

추수감사절을 맞으면서 감사라는 단어에 방점을 찍고 보니 정말 눈시울이 뜨거워졌습니다. 예전에는 찬송가 429장을 잘 부르지 않았습니다. "받은 복을 세어 보라"는 말에 대한 저항감 때문이었습니다. 하지만 지금은 다릅니다. 자꾸만 받은 복을 헤아려 보지 않으면 우리 인생이 고마움임을 망각하게 됩니다.

세상 모든 풍파 너를 흔들어 약한 마음 낙심하게 될 때에

내려 주신 주의 복을 세어라 주의 크신 복을 네가 알리라
받은 복을 세어 보아라 크신 복을 네가 알리라
받은 복을 세어 보아라 주의 크신 복을 네가 알리라

이제는 나이가 들어서인지 이 찬송가가 그렇게 좋을 수가 없습니다. 마음이 약해지고 또 낙심되는 일이 있을 때 주님이 주신 복을 헤아리다 보면 지금의 어려움도 능히 극복할 수 있다는 마음이 듭니다. 그 문제의 크기가 과장된 것임을 깨닫게 됩니다. 살다 보면 어려운 일도 만나지만, 어떤 경우에도 세상이 우리에게서 빼앗아갈 수 없는 한 가지 자유가 있습니다. 그 상황에 어떻게 반응할까 결단하는 자유입니다. 우리는 시간 속에서 살고 있지만 시간 너머에 계신 하나님의 음성에 따라 살아가는 이들입니다. 감사는 꽉 막혀 버린 길을 여는 열쇠입니다. 불평불만, 절망, 분노의 감정이 우리를 지배할 때, 받은 복을 헤아리다 보면 마음이 부드러워지고, 부드러워진 마음으로 바라보면 길이 보입니다. 우리가 다소 안락한 삶을 누리는 것은 보이지 않는 곳에서 땀 흘리고 있는 누군가가 있기 때문입니다. 조금만 생각해 보면 우리는 사랑의 빚을 진 사람들입니다.

저는 목사로 살아가는 것이 복이라고 느낍니다. 목사직은 멍에입니다. 때로는 벗어나고 싶을 때도 있지만 함부로 벗어 버릴 수도 없는 게 멍에입니다. 울면서라도 가야 할 길입니다. 아직 멀었지만 예수님의 마음에 조율하며 살게 하시니 고마울 따름입니다. 하나님

은 또한 우리 교회에 '생명 세상을 여는 녹색 교회'라는 분명한 지향점을 주셨습니다. 비록 더디기는 해도 그 방향을 향해 나아가고 있습니다. 하나님은 우리에게 좋은 동행들을 허락해 주셨습니다. 길지 않은 순례 길에서 좋은 길벗을 만나는 것은 참 귀한 일입니다.

　이제 우리가 할 일은 하나님이 우리 각자에게 주신 달란트와 은사를 공동체의 유익을 위해 사용하는 것입니다. 그리고 우리의 헌신과 봉사는 교회 안에만 갇혀서는 안 됩니다. 저는 우리 교인들을 생각할 때마다 감동합니다. 올해 결혼한 한 부부는 축의금의 십일조를 곤경에 처한 중증 장애인 가정을 위해 내놓았습니다. 물론 익명입니다. 또 다른 한 가정은 아기 백일잔치를 위해 여퉈 두었던 돈을 역시 장애인 가정에 위탁하기로 했습니다. 넉넉해서가 아닙니다. 그저 나누고 싶은 마음 때문입니다. 주님이 그분들에게 그 마음을 주셨습니다. 자기 것을 덜어 내 더 필요한 누군가에게 주는 기쁨을 맛본 사람은 우리를 위해 생명까지 내놓으신 예수님의 마음을 조금씩 이해하게 됩니다.

　교회도 많은 재물을 축적하기 시작하는 순간 타락의 길로 떨어지고 맙니다. 꼭 필요한 것을 제외하고는 자꾸 나누는 연습을 해야 합니다. 초막에 머물던 시절을 잊어버리는 순간 사람들은 하나님까지 잊어버리고 맙니다. 이게 어쩔 수 없는 사람의 한계입니다. 자신을 위해 덜 쓰고 다른 이들을 위해 더 쓸 때 교회는 건강해집니다. 너무 많은 재물은 하나님과 우리 사이의 거리를 멀어지게 합니다.

주인이 누구인지 아는 마음

러시아의 농촌에 오랫동안 전해 내려온 민담이 하나 있습니다. 한 가난한 농부가 살았습니다. 그는 이른 새벽부터 밭에 나가 열심히 일했습니다. 쟁기질이 끝나고 시장기가 돌 무렵이면 나무 밑에 놓아 둔 빵 한 조각을 먹었습니다. 그런데 어느 날 빵이 감쪽같이 사라졌습니다. 그는 맹물로 허기를 달래며 말했습니다. "오늘 하루 굶는다고 죽지는 않겠지. 누구든 그 빵이 필요했으니 가져갔겠지. 그 사람이라도 잘 먹으면 좋겠군." 그런데 그 빵을 훔친 것은 악마였습니다. 농부로 하여금 죄를 짓게 만들려고 빵을 훔쳤던 것입니다. 하지만 농부는 빵 도둑에게 악담을 퍼붓기는커녕 오히려 축복했습니다. 그 악마는 대장 악마에게 야단을 맞았습니다. 악마다운 지혜가 부족했다는 것이었습니다.

악마는 다른 술책을 꾸몄습니다. 농부의 빵을 훔치는 대신 농부의 빵을 늘려 주기로 했습니다. 하인으로 변장한 악마의 도움으로 농부는 가뭄이 들거나 홍수가 들어도 많은 수확을 하게 되었습니다. 곡식이 남아돌자 악마는 그것으로 술을 만들라고 부추겼습니다. 결국, 허기를 달래 주던 일용할 양식이 쾌락을 위한 도구로 바뀌었습니다. 술이 생기자 농부는 친구들을 불러들여 먹고 마시며 놀았습니다. 술자리를 마칠 즈음이면 너 나 할 것 없이 인간의 모습은 간데없고 동물들로 변했습니다. 비책을 묻는 대장 악마에게 악마는 대답했습니다. 자기가 한 일이라곤 농부에게 필요한 양보다 더 많은 수확을 하게 해 준 것 밖에 없다고. 남아도는 것이 생기자 농부는 하나님이 주신 선물을 자신의 쾌락을 위해 쓰기 시작했고, 그때부터 인간의 마음에 묶여 있던 여우와 늑대와 돼지의 피가 다 뛰쳐나오더라는 것이었습니다.[14]

옛 이야기이지만 역시 우리 삶을 비춰 주는 거울과 같은 말씀입니다. 가진 것이 많아야 감사할 수 있는 것이 아닙니다. 우리 삶이 하나님의 마음에 잇대어 있기에 감사하는 것입니다. 김현승 선생님의 시 〈감사하는 마음〉의 마지막 연은 언제 보아도 감동적입니다.

감사하는 마음―그것은 곧 아는 마음이다!
내가 누구인지를 그리고
主人이 누구인지를 아는 마음이다.

감사할 줄 아는 이는 자기가 누구인지, 자기 삶의 주인이 누구인지를 아는 사람입니다. 이 수확의 계절에 우리가 잃어버렸던 감사의 마음을 되찾는 행복을 맛보시기를 기원합니다.

순례____

아직 본격적인 무더위는 찾아오지 않았는데 벌써 내일이면 입추立秋입니다. 음력 7월을 맹추孟秋라고 합니다. '뭐든 잘 잊어버리는 흐리멍덩한 사람'을 가리키는 말이 아니라 초가을이라는 뜻입니다. 믿어지지 않으시겠지만 이제 초가을이 시작되는 것입니다. 며칠 전 한 지인으로부터 책 몇 권을 선물로 받았습니다. 제가 늘 관심을 갖고 있는 분야의 책들이었는데, 스페인 북부에 있는 순례길 '산티아고'를 걸은 어느 사진작가의 기행문도 한 권 있었습니다. 하루에 20~30킬로미터씩 근 40여 일을 걸으며 저자가 거듭해서 묻는 질문은 '나는 왜 걷는가?'입니다. 포기하고 싶은 유혹을 이겨 내며 끝내 걸을 수밖에 없었던 것은 성취감 때문만은 아니었을 것입니다. 그 길은 어쩌면 있는 그대로의 자기 자신과 만나는 곳인지도 모르겠습니다. 익숙한 일상의 세계를 떠나 터벅터벅 걷는 동안 누구나 자기 자신의 삶을 돌아보지 않을 수 없을 것입니다. 거기서 자기 속에 있는 약함과 추함과 모호함을 보게 되면, 저절로 기도하는 심정이 될 것입니다.

성 아우구스티누스는 "*Solviture ambulando*"라는 말을 한 적이 있습니다. 라틴어로 읽으니까 뭔가 있어 보이는데 그 뜻은 단순합니다. '걸으면 해결된다.' 그가 터득한 삶의 지혜일 것입니다. 어떤 문제가 여러분을 괴롭힐 때 한번 걸어 보십시오. 장시간 걷다 보면 몸과 마음의 긴장이 어느 정도 해소되고, 그 문제를 입체적으로 바라볼 수 있는 여유가 생깁니다. 조금만 떨어져서 바라보면 그 문제에 압도당하지 않을 수 있습니다. 세상의 많은 종교가 순례를 중요하게 생각합니다.

참된 지혜를 찾아다니는 불교의 '만행卍行'이나, 무슬림들의 메카 순례인 '하즈hajj'가 그러합니다. 하즈는 이슬람 신자들이 평생에 한 번은 해야 할 의무입니다. 이슬람력으로 12월에 시작되는 이 순례에 참여하는 사람들은 누구나 흰 옷을 입습니다. 그 옷은 나중에 수의로 사용된다고 합니다. 그들이 '신성한 돌'이라 믿는 '카바' 앞에 이르면 순례자들은 카바 주위를 시계 반대 방향으로 돕니다. 그것은 시간 속에 살면서 몸과 마음에 쌓인 죄를 풀어내는 의식입니다.

순례를 한다는 것은 어쩌면 시간의 강물에 떠밀려 가던 우리 삶을 추슬러 시간의 근원이신 하나님 앞으로 나아가는 것인지도 모르겠습니다. 물론 하나님께로 삶을 돌이키는 방법은 여러 가지입니다. 기도, 찬양, 예배, 헌신 등도 하나님께로 나아가는 길입니다. 하지만 순례를 위해 구별된 시간은 특별합니다. 잡다한 일상의 흐름을 끊고 오로지 하나님께만 집중할 수 있기 때문입니다. 뭔가를 성취해야 한다는 조급함을 내려놓고, 자기의 욕구와 기대도 내려놓고, 상황을 그 대로 받아들이기 시작할 때, 우리는 비로소 세상의 아름다움에 눈을 뜨게 될지도 모릅니다. 하지만 모두가 순례의 기회를 얻을 수 있는 것은 아닙니다. 그런 시간을 낼 수 있는 사람이 많지 않습니다. 그렇 다고 하여 순례가 불가능한 것은 아닙니다. 우리 삶이 하나님이라는 중심을 향한 순례가 되기를 소망하고 또 늘 그렇게 살면 됩니다. 어 떤 경우이든 순례자들에게 필요한 것은 하나님에 대한 신뢰입니다.

믿고 맡기라

이스라엘 백성이 애굽을 탈출해 40년의 광야 생활 끝에 요단강 동쪽 모압 땅에 이르렀을 때 모세는 다음과 같이 그 백성을 독려하 며 교훈합니다.

그때에 내가 당신들에게 이렇게 말하였습니다. '그들을 무서워하 지도 말고 두려워하지도 마시오. 당신들 앞에서 당신들을 인도하 여 주시는 주 당신들의 하나님은, 이집트에서 당신들이 보는 앞에 서 당신들을 대신하여 모든 일을 하신 것과 같이, 이제도 당신들 을 대신하여 싸우실 것이오. 또한 당신들은, 주 당신들의 하나님 이, 마치 아버지가 아들을 돌보는 것과 같이, 당신들이 이곳에 이 르기까지 걸어온 그 모든 길에서 줄곧 당신들을 돌보아 주시는 것을, 광야에서 직접 보았소.' 그런데도 당신들은 아직도 주 당신들의 하나님을 믿지 않습니다. 당신들이 진 칠 곳을 찾아 주시려고 당신들 앞에서 당신들을 인도하여 주셨는데도, 그리고 당신들이 갈 길을 보여 주시려고 밤에는 불기둥으로 낮에는 구름기둥으로 인도하여 주셨는데도, 당신들은 아직도 주 당신들의 하나님을 믿지 않습니다(신 1:29-33).

이제 약속의 땅이 눈앞입니다. 문지방을 넘기 직전입니다. 그런데 백성은 두려움에 사로잡혀 있습니다. 정찰대가 돌아와 '주 우리의 하나님이 우리에게 주신 땅이 좋다'고 보고했음에도 불구하고 그들은 주저하고 있습니다. 거기까지 인도하신 주님을 원망하면서 그 땅에 들어가려는 것은 '무모한 일'이라고 말합니다. 그들의 판단에 일리가 없는 것은 아닙니다. 그들은 이미 정탐꾼들을 통해 가나안 사람들의 기골이 장대하고, 성읍 또한 난공불락이라는 사실을 전해 들었습니다. 사람들 사이에 두려움이라는 전염병이 빠르게 퍼졌고 이구동성으로 '무모하다'는 말이 터져 나온 것입니다. 두려움은 언제나, 상대는 커 보이게 하고 자신은 왜소해 보이게 만듭니다. 그들은 두려움의 거미줄에 걸려 옴짝달싹하지 못하게 되었습니다.

두려움에 사로잡힌 사람들이 보이는 태도는 다양합니다. 그 상황에서 달아나거나 얼어붙거나 누군가를 탓합니다. 이스라엘 백성은 모세와 하나님을 원망합니다. 그런데 두려움으로부터 달아나기 위해 돌아서는 순간 두려움은 증폭됩니다. 두려움을 이기려면 눈을 똑바로 뜨고 응시해야 합니다. 모세는 두려워하는 백성에게 그들을 무서워하지도 두려워하지도 말라고 말합니다. 모세의 말은 그저 해 보는 소리가 아닙니다. 그는 백성이 보지 못하는 것을 보고 있습니다. 엘리사의 일화가 떠오릅니다. 시리아 왕이 보낸 군대가 엘리사를 죽이기 위해 성을 에워싸고 있었습니다. 아침에 시리아 대군을 본 엘리사의 시종은 공포에 질렸습니다. 하지만 엘리사는 태연합니다. 엘리사가 종의 눈을 열어 달라고 기도하자 그의 눈이 열렸고, 그는 불 말과 불 수레가 자기들을 보호하고 있음을 보았습니다(왕하 6:8-19). 히브리서 11장 1절은 믿음을 이렇게 규정하고 있습니다.

> 믿음은 바라는 것들의 확신이요, 보이지 않는 것들의 증거입니다(새번역).

> 삶의 근본 사실은 이것입니다. 하나님을 신뢰하는 이 믿음이야말로, 삶을 가치 있게 하는 든든한 기초입니다. 믿음은 볼 수 없는 것을 볼 수 있게 하는 단서입니다(메시지).

믿는 사람은 남이 보지 못하는 것을 보는 사람입니다. 사과 씨 한 알에서 과수원을 보는 것이 믿음입니다. 겨자씨만 한 믿음만 있어도 산을 옮길 수 있습니다. '보는 자' 모세, '믿는 자' 모세는 확신을 가지고 말합니다.

당신들 앞에서 당신들을 인도하여 주시는 주 당신들의 하나님은, 이집트에서 당신들이 보는 앞에서 당신들을 대신하여 모든 일을 하신 것과 같이, 이제도 당신들을 대신하여 싸우실 것이오(신 1:30).

예속에서 자유로 가는 투쟁을 시작하신 분은 하나님이십니다. 그렇기에 그 싸움을 마무리하실 분 또한 하나님이십니다. 하나님은 그 백성을 대신하여 지금도 싸우고 계십니다. 하나님은 또한 택하신 백성을 마치 아버지가 아들을 돌보는 것같이 돌보아 주십니다. 이러한 확신을 품고 두려움과 맞서 싸우는 사람은 결코 무너질 수 없습니다.

길을 만들고 계신 하나님

그러나 백성은 여전히 고개를 갸웃거릴 뿐, 전폭적으로 하나님의 품에 뛰어들지 못합니다. 광야 생활 40년 동안 그렇게 많은 체험을 했건만, 그들은 여전히 믿음의 사람으로 거듭나지 못했습니다. 이게 인간입니다. 이게 바로 우리입니다. 모세의 말은 격정적으로 변합니다.

당신들이 진 칠 곳을 찾아 주시려고 당신들 앞에서 당신들을 인도하여 주셨는데도, 그리고 당신들이 갈 길을 보여 주시려고 밤에는 불기둥으로 낮에는 구름기둥으로 인도하여 주셨는데도, 당신들은 아직도 주 당신들의 하나님을 믿지 않습니다(신 1:33).

이 대목을 읽다가 어떤 새삼스런 깨달음에 가슴이 벅차올랐습니다. 하나님은 우리보다 앞서 우리의 길을 예비하고 계십니다. 우리가 어떤 일을 계획하고 추진하기도 전에 하나님은 이미 우리의 길을 만들고 계십니다. 돌이켜 보면 참 신비합니다. 하나님은 우리가 난감한 처지에 빠질 때마다 도울 사람들을 보내 주셨고, 갈등하던 사람과 어떻게 화해해야 할지 몰라 고민할 때 벌써 그의 마음을 부드럽게 바꾸시어 화해의 길을 열어 주셨습니다. 닫힌 문 앞에서 당황할 때마다 새로운 문을 열어 주셨습니다. 불기둥과 구름기둥은 광야에 살던 이스라엘 사람들만 경험한 것이 아닙니다. 우리도 불기둥과 구름기둥의 인도함을 받고 삽니다.

비가 많이 내리는 날 오후 덕수궁 대한문 앞을 지나는데, 한편에 우비를 입은 두 사람이 나란히 서 있는 것을 보았습니다. 그들의 가슴에 걸린 패찰에는 각각 'English'와 'Japanese'라는 단어가 적혀 있었습니다. 순간 그들이 외국인 관광객들을 돕기 위해 자원봉사에 나선 도우미들임을 알 수 있었습니다. 세찬 비가 내리고 있는데도 그들은 그 자리에서 도움을 필요로 하는 사람을 기다리고 있었습니다. 하나님도 그러십니다. 우리가 선 자리가 어디든, 하나님은 그곳에서 우리를 기다리십니다. 우리를 위해 길을 만들고 계십니다. 그리고 잊지 말아야 할 것이 또 하나 있습니다. 하나님은 우리를 누군가의 길로 삼기도 하십니다. 이 또한 가슴 벅찬 소명이 아닐 수 없습니다. 형 에서를 피해 달아나던 야곱은 돌베개를 베고 누웠던 자리에서 하나님을 만나 뵙고는 '주님께서 분명히 이곳에 계시는데도, 내가 미처 그것을 몰랐구나'(창 28:16)하고 중얼거렸습니다. 우리가 서 있는 삶의 자리가 바로 하나님이 계신 자리입니다.

> 너희가 사는 땅, 곧 내가 머물러 있는 이 땅을 더럽히지 말아라. 나 주가 이스라엘 자손과 더불어 함께 머물고 있다(민 35:34).

이 사실을 깨닫는다면 우리가 어떻게 함부로 살 수 있겠습니까? 무고한 자의 피가 흐르고, 억눌린 이들의 눈물이 강이 되어 흐르는 땅은 더럽혀진 땅입니다. 하나님을 믿는다고 하면서도 하나님이 바로 우리 곁에 계시다는 사실을 실감하지 못할 때가 많습니다. 하나님은 바로 지금 여기, 우리들의 삶의 자리에 계십니다.

걷는 사람 예수

우리의 삶의 자리야말로 하나님 현존의 장소임을 누구보다 깊이 인식하고 계셨던 분이 예수님이십니다. 예수님은 사람들에게 '저 하늘'을 가리키며 현실의 고단함을 잊으라고 하지 않으셨습니다. 주님은 고담준론高談峻論으로 사람들을 설득하려 하지도 않으셨습니다. 복잡한 신학 이론을 설파하신 적도 없으십니다. 상처 입은 사람들을 그저 덥석 부둥켜안으실 뿐이었습니다. 하나님 나라는 먼 데 있는 것이 아니라, 하나님의 마음을 우리 삶에 모셔 들이는 것임을 가르치셨습니다.

만약 예수님이 지금 우리 곁에 오신다면 주님은 결코 '좋은 차'를 타고 다니지 않으실 것입니다. 좋은 차를 타면 남루한 자리에 가기 어려운 법입니다. 주님은 세상의 밑바닥에서 신음하고 있는 이들의 이야기에 귀를 기울이시기 위해 기꺼이 그들 곁으로 걸어가실 것입니다. 조지 폭스George Fox는 "즐겁게 지상을 걸어라. 그리고 모든 사람 속에 계신 하나님께 응답하라"고 말했습니다. 스페인의 바르셀로나 근처에 있는 몬세라토 수도원에 갔을 때의 일이 생각납니다. 늙수그레한 일단의 사람들이 수도원 마당에 퍼질러 앉아 어떤 놀이를 하고 있었습니다. 윷놀이 비슷한 것이었는데 주사위를 굴려서 나온 숫자만큼 자기 말을 옮기고 있었습니다. 그런데 우리의 윷판에 해당하는 것은 예수님 당시의 팔레스타인 지도였습니다. 그들의 말이 옮겨 가는 곳은 예수님이 머무셨던 장소들이었습니다. 그들은 성경을 펼쳐 들고는 예수님의 행적을 더듬으며 즐거워했습니다.

물끄러미 놀이를 지켜보다가 저는 예수님의 발걸음이 닿는 곳마다 놀라운 일들이 일어났다는 데 생각이 미쳤습니다. 병자가 낫고, 귀신 들린 사람이 온전해지고, 낙심했던 사람이 살맛을 되찾았고, 불화했던 사람이 화해하는 역사가 일어났습니다. 예수님은 생명을 나르는 사람life-bearer이었고, 희망을 나르는 사람hope-bearer이었습니다.

하나님은 먼 데 계신 분이 아니라 바로 지금 이곳, 우리 삶 가운데 계신 분임을 깨우쳐 주셨습니다.

예수님은 그렇게 걷고 또 걸어 길이 되셨습니다. 우리는 그 길이 생명에 이르는 길이라고 고백합니다. 그렇다면 이제 그 길을 우리도 걸어야 합니다. 우리의 발걸음이 닿는 곳마다 생명의 기적이 일어나야 합니다. 그것이 가능한 것은 하나님이 우리보다 먼저 그곳에서 일하고 계시기 때문입니다. 저기에 길이 있다고 말하는 것과 그 길을 걷는 것은 전혀 다른 일입니다.

우리는 예수가 길이라고 고백하면서도 그 길은 한사코 걸으려 하지 않습니다. 불편함이 싫고, 위험을 만나게 될까 두렵고, 낯선 이들과의 만남이 불편하기 때문입니다. 하지만 그 길을 벗어나서는 주님과 만날 수 없습니다. 우리가 바라는 가나안, 즉 사람들이 저마다의 삶의 몫을 누릴 뿐만 아니라 모두가 존엄한 존재로 존중받는 세상이 바로 우리 앞에 있습니다. 그 세상의 문은 두려움을 떨치고 들어가려는 이들에게만 열립니다. 그 길 위에서 하나님을 만나는 기쁨을 누리시기를 기원합니다.

희년

가을바람 선선하더니, 장마처럼 지루하게 비가 내립니다. 옛사람들은 우리가 지금 지나고 있는 백로 추분 절기의 아름다움을 이렇게 노래했습니다. "아침에 안개 끼고 밤이면 이슬 내려 백곡이 열매 맺고… 백곡이 이삭 패고 여물 들어 고개 숙이니, 西風에 익은 빛은 黃雲이 일어난다." 명랑한 가을볕은 아직 저 모퉁이에서 머뭇거리고 있는 듯합니다. 주님의 은총으로 우리 모두 아름답게 무르익어 가면 좋겠습니다.

하늘은 해와 비를 악인과 선인에게 골고루 내려 줍니다. 하지만 공평함이 없는 세상에서 해와 비는 누군가에게는 기쁨이고 은총이지만 다른 사람에게는 슬픔이고 고통일 수도 있습니다. 여유로운 사람들은 내리는 비를 바라보며 시 한 자락을 읊을 수도 있겠지만, 일자리를 얻을 수 없는 날품팔이 노동자는 한숨을 내쉬게 됩니다. 같은 조건이라 해도 서 있는 자리에 따라서 그것은 전혀 다른 결과를 가져옵니다. 요즘 와서 우리 사회의 양극화 현상은 더욱 심화되고 있습니다. 헌법은 모든 국민이 평등하다고 말하지만, 우리 사회는 이미 계층과 계급으로 갈라지고 있는 것 같습니다. 부와 특권이 대물림되고 있습니다. '강남'이라는 말은 이제 서울의 한강 이남 지역을 가리키는 말이 아니라, 우리 사회의 부와 특권을 누리는 사람들을 가리키는 기표^{記標}가 되었습니다.

 정부가 공정 사회라는 화두를 던지자마자 마치 기다렸다는 듯이 고위층 자제들이 누린 취업 특혜가 속속 드러나고 있습니다. '그들만의 리그'라는 말이 무색할 정도입니다. 공정함이 없는 세상에서 평범한 사람들은 박탈감을 느끼지 않을 수 없습니다. 살아남는 일에 몰두할 때 우리는 하늘을 잊게 마련입니다. 삶에 대한 외경심은 사라지고, 전쟁터로 변한 세상에서 마음은 황폐해지고 맙니다. 냉소주의가 판을 치고, 신뢰의 토대가 무너지고 나면 사회 통합은 불가능해집니다.

 성경은 이런 세상의 불공평함을 주기적으로 갱신할 것을 명하고 있습니다. 그것이 희년법입니다. 희년^{禧年}은 안식년이 일곱 번 지난 다음 해를 가리키는 말입니다. 안식년이 일곱 번이면 49년이 되고, 그다음 해 대속죄일이 되면 제사장이 뿔 나팔을 길게 불어 희년이 도래했음을 알렸습니다. 희년이 되면 남의 종살이 하던 사람들은 자유인으로 돌아갔고, 빚에 몰려 남에게 넘어갔던 땅도 원주인에게 돌아갔습니다. 피치 못하게 지게 되었던 빚도 다 탕감되었습니다. 희년의 소식이야말로 가난한 이들에게는 복음입니다. 꿈에라도 숫양의 나팔 소리가 들려와 이 땅의 불공평함이 지양되는 날을 보았으면 좋겠습니다. 이런 희년법의 신학적 근거는 '땅의 주인은 하나님'이라는 사실입니다. 우리는 모두 이 땅에 잠시 왔다 가는 나그네요 거류민에 지나지 않습니다. 땅의 주인이신 주님은 이 땅에 사는 사람들이 모두 행복하기를 원하십니다. 그렇기에 사람 살아가는 마당에서 어쩔 수 없이 생기는 간극을 메우기 위해 희년을 명하셨던 것입니다.

　불가능한 꿈이라고 도외시하기 전에 진지하게 성경의 정신을 되새겨 보아야 합니다. 예수님의 취임 설교라고 일컬어지는 나사렛 설교는 그분의 삶이 희년의 꿈을 실현하는 데 있음을 보여 줍니다. 예수님은 포로 된 사람들에게 해방을 선포하고, 눈먼 사람들에게 눈뜸을 선포하고, 억눌린 사람들을 풀어 주고, 주님의 은혜의 해를 선포하게 한다는 이사야 61장의 말씀을 읽으시고는 "이 성경 말씀이 너희가 듣는 가운데서 오늘 이루어졌다"(눅 4:21)고 선언하셨습니다. 실제로 예수님은 병고에 시달리는 이들과 귀신 들린 사람들을 고쳐 주시고, 죄에 사로잡힌 이들을 해방하셨습니다. 배고픈 사람을 먹이셨습니다. 사람답게 산다는 것은 이웃의 소리에 귀를 기울이고 그들의 어려움을 덜어 주기 위해 사랑의 수고를 마다하지 않는 것임을 가르치셨습니다. 예수님의 삶은 희년을 실현하는 일에 바쳐진 삶이었습니다.

'서로 함께'의 공동체

희년을 구현한다는 것은 '더불어 삶'을 전제로 합니다. 우리는 태어나는 순간 여러 가지 관계의 그물망 속에서 살아갑니다. 그 기본은 부모형제 일가친척이지만, 살아가면서 그물코는 더 늘어납니다. 학교, 직장, 동창회, 향우회, 동호회, 군대, 교회, NGO 단체…. 우리 삶은 주체할 수 없을 정도로 많은 관계 속에서 영위됩니다. 그러다 보니 소홀해지는 부분이 있게 마련입니다. 돌아보면 우리가 의지적으로 선택한 모임도 있지만, 사회적·문화적 여건에 의해 주어진 경우가 더 많습니다. 그렇기에 벗어나고 싶지만 그럴 수 없을 때도 많습니다. 늘 드리는 말씀이지만 나라고 하는 존재는 남들과 완전히 구별되는 개체가 아닙니다.

무인도에 떠밀려 간 로빈슨 크루소도 문명 세계에서의 기억에 의지해 불확실한 시간의 공포를 이겨 냈습니다. '나'라는 존재 속에는 인생길에서 만나 온 다양한 사람들, 그리고 그들과 맺어 온 관계의 흔적이 새겨져 있습니다. 내가 커피를 좋아하는 것도 커피를 좋아하는 누군가와 만났기 때문일 것이고, 책을 좋아하는 것도 책을 가까이 하는 이들과 가까이 했기 때문일 것입니다. 내 속에는 부모님도 계시고, 형제자매도 있고, 벗들과 교우들도 있고, 일상 속에서 늘 부대끼며 살아가는 이웃들도 있습니다.

그런데 그 중요한 타자들이 고마울 때도 있지만 싫을 때도 있습니다. 신영복 선생님은 《감옥으로부터의 사색》에서 징역살이는 여름보다 겨울이 낫다고 말합니다. 겨울에는 서로의 체온에 감사하며 밤을 지나지만, 여름이면 옆 사람을 죽이고 싶을 정도로 미워진답니다. 왜 안 그렇겠습니까? 마치 화로 하나가 옆에 있는 것 같을 테니 말입니다. 사람을 미워하는 것보다 더 힘든 일은 없을 것입니다. 한 공동체는 사랑과 이해와 관용 그리고 서로에 대한 존중과 감사를 통해 유지됩니다. 이 마음이 무너지면 공동체는 와해되고 맙니다. 포도원을 허무는 여우는 바로 미움과 불신 그리고 원망입니다. "서로 사랑하며 채소를 먹고 사는 것이, 서로 미워하며 기름진 쇠고기를 먹고 사는 것보다 낫다"(잠 15:17)는 말씀에 모두 동의하실 줄 압니다.

하지만 삶이 어려워질수록 공동체와의 일체감은 점점 옅어져 갑니다. 먹고 살기 바빠 미처 남을 돌볼 여유가 없기 때문입니다. 이해합니다. 그 곤고함이야 어찌 말로 다 할 수 있겠습니까. 그러나 그럴 때일수록 예수님이 꿈꾸셨던 신앙 공동체의 모습을 놓아보아야 합니다. 신앙 공동체는 어떤 불편함을 감수하더라도 함께 지향해야 할 가치를 붙들고 씨름해야 합니다. 가다가 넘어져도 일으켜 세워 줄 이웃이 있음을 믿으며 가야 합니다. 바울 서신에서 가장 빈번하게 사용되는 단어 가운데 하나가 '서로^{allenron}'라는 단어입니다. 그중에서 몇 가지만 읽어 보겠습니다.

> 형제의 사랑으로 서로 다정하게 대하며, 존경하기를 서로 먼저 하십시오(롬 12:10).

서로 한 마음이 되고(롬 12:16).

여러분도 서로 받아들이십시오(롬 15:7).

여러분은 서로 남의 짐을 져 주십시오(갈 6:2).

서로 격려하고, 서로 덕을 세우십시오(살전 5:11).

저는 이 구절들을 두렵고 떨리는 마음으로 낭독했습니다. 이것은 우리 공동체에 주시는 하나님의 명령이기 때문입니다. 교회는 '서로 함께' 살아가는 삶을 연습하는 곳입니다.

성령이 중심
우리에게는 이런 공동체의 모범이 있습니다. 성령 강림절 이후에 자연스럽게 이루어진 최초의 교회가 그것입니다. 그들은 새로운 인류였습니다.

모든 사람에게 두려운 마음이 생겼다. 사도들을 통하여 놀라운 일과 표징이 많이 일어났던 것이다. 믿는 사람은 모두 함께 지내며, 모든 것을 공동으로 소유하였다. 그들은 재산과 소유물을 팔아서, 모든 사람에게 필요한 대로 나누어 주었다. 그리고 날마다 한 마음으로 성전에 열심히 모이고, 집집이 돌아가면서 빵을 떼며, 순전한 마음으로 기쁘게 음식을 먹고, 하나님을 찬양하였다. 그래서 그들은 모든 사람에게서 호감을 샀다. 주님께서는 구원 받는 사람을 날마다 더하여 주셨다(행 2:43-47).

성령의 뜨거운 능력 안에서 그들은 이전에는 상상조차 할 수 없었던 삶을 기쁘게 선택했습니다. 신자들은 사도들의 가르침에 몰두하며, 서로 사귀는 일과 빵을 떼는 일과 기도에 힘썼다고 합니다. 그들은 진리에 목마른 사람들이었습니다. 신앙은 삶의 방편이 아니라, 진실의 문제였습니다. '어떻게'라는 물음보다는 '왜'라는 물음이 그들에게는 더욱 긴박했습니다. 성령이 일으키신 변화입니다. 그들은 비천한 이들과 사귀는 데도 주저함이 없었습니다. 생각이 다르고, 삶의 방식이 다른 이들이 얼굴을 맞대고 앉아 서로의 말을 즐겁게 경청하고, 서로를 위해 기도해 주는 모습을 상상하면 절로 기분이 좋아집니다. 하나 됨을 경험한 이들은 이미 한 식구였습니다. 그래서 거리낌 없이 한 식탁에 앉아 음식을 먹었습니다.

너와 나를 가르는 경계선이 사라진 세계에서 사람들은 얼핏 하나님 나라를 맛보았을 것입니다. 우리는 경계선을 긋는 데 명수입니다. 어린 시절 책상에 칼로 금을 긋기 시작한 때부터 우리의 금 긋기 역사는 시작되었습니다. 전쟁놀이를 해도 내 편은 좋은 편이고, 네 편은 늘 나쁜 편이었습니다. 나이가 들면서 그 경계선은 학벌로 변형되어 나타났고, 연봉으로 나타났습니다. 어릴 때 그었던 눈에 보이는 경계선은 그렇게 위험하지는 않았습니다. 하지만 보이지 않는 경계선은 우리 삶을 조각내고 있습니다. 2002년 월드컵 때 광장으로 몰려나온 사람들은 경계선이 무너지는 현장을 목격했습니다. 저는 그 광경을 보면서 사람들 속에 있는 목마름을 보았습니다. 사람들은 가르며 살지만, 마음 깊은 곳에는 하나 됨의 열망이 있는 것 같았습니다.

성령님이 하시는 일이 바로 이것입니다. 성령은 '주님의 마음'으로도 표현됩니다. 우리 속에 주님의 마음이 들어오면 우리는 경계심을 풀고 이웃을 사랑으로 받아들이게 됩니다. 진짜 기적은 돌이 떡이 되는 것이 아니라, 돌 같은 우리 마음이 부드럽게 풀려 이웃들을 사랑의 시선으로 바라보게 되는 것입니다. 성령의 충만함 가운데 있는 사람은 남을 배려하게 됩니다. 성령은 자기중심성을 무너뜨리는 힘입니다.

장자에 나오는 이야기를 아시지요? 원숭이 키우는 사람이 어느 날 원숭이들에게 도토리를 주면서, '아침에 셋, 저녁에 네 개를 주겠다'고 했습니다. 원숭이들은 모두 성을 냈습니다. 그러자 그 사람은 '그러면 아침에 넷, 저녁에 세 개를 주겠다'고 했습니다. 원숭이들은 모두 기뻐했습니다. 명목이나 실질에 아무런 차이가 없는데도 원숭이들은 성을 내다가 기뻐했습니다. 사람들은 원숭이들의 어리석음을 비웃습니다. 하지만 이 이야기가 품고 있는 뜻은 그런 게 아닙니다. 주인은 원숭이들의 반대에 부딪쳤을 때 당혹감을 느꼈지만 원숭이들을 윽박지르지는 않았습니다. 그리고 '원숭이들이 원하는 것이 무엇일까, 어떻게 해야 그들을 기쁘게 할 수 있을까'를 곰곰이 생각해 보았습니다. 주인은 자기의 생각을 원숭이에게 강요하지 않았습니다. 이것이 지혜로운 사람의 모습 아니겠습니까? 다른 이의 입장에서 생각해 보는 것, 그것이 하나 됨의 기본입니다.

진정한 회심

첫 번째 그리스도인들은 희년이 삶 속에서 구현되는 것을 경험했습니다. 그 기쁨은, 그들로 하여금 곤고한 형제자매들의 삶에 대해 한없는 연민을 품게 했고, 부유한 이들은 잉여재산을 처분하여 가난한 이들을 도왔습니다. 그 대표적인 사람이 키프로스 태생의 레위 사람이었던 요셉입니다. 그는 사도들로부터 '위로의 아들'이라는 뜻의 '바나바'라는 이름을 부여받았습니다. 우리는 아직 그 자리까지는 이르지 못했지만, 그렇다고 하여 그 길을 외면해서도 안 됩니다. 우리는 '그 길'의 사람들이기 때문입니다.

정현종 선생님의 시 〈回心이여〉가 떠오릅니다. 시인은 낡은 생각을 여의고 새로운 삶을 살고 싶은 꿈을 이렇게 피력합니다.

희망은 많이 허황하지만
허황함 없이 또한 살림살이가

어떻게 굴러 가겠느냐

그리고 "헌 세상 시들한 시간에 새살 나게 하는/回心의 시간은 참 만나기 어렵구나" 하고 탄식하기도 합니다. 그러다가 그는 회심을 찬미합니다.

나 살리니 너 살고
너 살리니 나 사는 회심이여.

시인은, 진정한 회심이란 이 사실 하나를 깨닫는 것이라고 말합니다. 내가 제대로 살아야 너도 사는 것이고, 너를 살리는 것이 나도 살리는 길이라는 사실 말입니다. 생명은 본래 이런 되먹임의 관계 속에서 이루어지는 것입니다. '나 살고 너 죽자'는 식으로 마음에 칼을 품고 살면 결국 그 칼에 자기가 찔리게 마련입니다. 원효는 '일체유심조一切唯心造'라 말했습니다. 사람들은 흔히 이 구절을 '모든 게 마음먹기 나름'이라고 풀지만, 사실 이 구절은, 마음을 갈고 닦아 잘 쓰면 창조적인 변화를 이룰 수 있다는 뜻입니다.

희년을 산다는 것, 그것은 너를 살려 나도 사는 삶을 선택하는 것입니다. 배고픈 사람에게 먹을 것을 주고, 나그네를 영접하고, 병든 자를 찾아가고, 삶의 변두리로 내몰린 이들의 벗이 되어 주는 일, 바로 그것이 일상 속에서 우리가 구현할 수 있는 희년입니다. 쏨쏨

이를 조금 줄여 공동체를 세우는 일에 보태고, 아름다운 세상 만드는 일에 동참할 때 우리 속에는 우주의 중심과 하나가 되는 기쁨이 깃들게 됩니다.

저는 한국 교회의 질병이 교회 성장주의에 있다고 확신합니다. '영혼을 구한다'는 미명하에 자기 증식을 꾀하는 교회들로 인해 주님은 지금 또 다시 십자가를 향해 걸어가고 계십니다. 우리끼리 행복한 교회가 아니라 지역사회를 섬기는 교회, 세상의 눈물을 닦아 주는 교회, 가난한 이들을 더욱 살기 힘들게 만드는 세상에 저항하는 교회가 되어야 합니다. 아무리 작더라도 그리스도의 몸이 되어 살겠다는 옹골찬 결의로 뭉친 교회야말로 하늘나라에서 큰 교회로 여겨질 것입니다. 저는 이런 희년의 꿈을 여러분과 함께 살아 내고 싶습니다. 우리의 결심과 의지만으로는 불가능합니다. 이 꿈을 이루기 위해서는 성령의 능력을 받아야 합니다. 말씀 연구에 몰두하고, 엎드려 함께 기도하고, 사랑의 친교를 나누는 동안 우리는 성령의 능력 안에 있는 교회로 거듭날 것입니다. 한 걸음 한 걸음 희년을 향해 나아가는 가운데 주님의 자비와 은총이 우리 마음에, 그리고 우리의 삶 가운데 함께하시기를 기원합니다.

3부

설레는 마음으로

기다림____

대림절 첫 주일에는 대림 촛불 하나를 밝힙니다. 어둠이 지극한 세상이지만 밝혀진 촛불 하나만큼 세상은 환해지리라 믿기 때문입니다. 우리가 절망과 어둠의 세월에 짓눌려 마음의 빛이 꺼지면 그만큼 세상은 어두워질 뿐입니다. 어둠의 세월일수록 싹싹하고 명랑한 기운을 모아 그 세월을 잘 건너야 합니다. 며칠 전 지인의 초대로 베르디의 오페라 〈맥베스〉를 보았습니다. 권력욕에 사로잡혀 신의와 우정을 저버리고 치달리다가 몰락의 길에 섭어드는 맥베스의 이야기가 깊은 울림이 되어 다가왔습니다. 아시다시피 〈맥베스〉는 셰익스피어의 비극 작품입니다. 스코틀랜드의 장군 맥베스는 세 마녀가 전해 준 예언, 곧 왕이 될 거라는 말을 철석같이 믿고 파멸을 향해 나아가는 비극적 인물입니다. 그의 아내는 주저하는 남편을 부추겨 왕을 시해하고, 친구들을 죽이도록 만듭니다. 소프라노와 바리톤의 아리아를 듣는 동안 지금 우리 시대의 한 단면을 보는 것 같은 느낌이 들었습니다. 그러나 무엇보다 제 가슴을 울렸던 것은 맥베스의 학정으로 인해 고통 받는 민중이 들고 일어나 부르는 합창이었습니다.

> 배신당한 조국이 울며 그곳으로 초대한다.
> 형제들이여! 억압당한 자들을 구하기 위해 달리자.
> 신의 분노가 불경건함 위로 폭발한다.
> 끔찍하고 과도한 행위가 신을 화나게 한다.

민중은 하늘의 뜻을 저버린 독재자 맥베스를 몰아내기 위해 용기를 발휘합니다. 더 이상 강포한 자의 폭력에 가녀린 생명들이 스러지는 일이 없도록 하기 위해 그들은 두려움과 절망의 너울을 걷어내고 일어선 것입니다. 몸을 우뚝 일으켜 세운 백성처럼 무서운 존재가 어디 있겠습니까? 하나님이 그들 편에 서십니다. 하나님은 땅에서 벌어지는 일을 모른 체 하지 않으십니다. 신을 화나게 하는 '끔찍하고 과도한 행위'란 자기 분수를 지키지 않는 이들이 저지르는 폭력을 가리킵니다. 백성을 잘 돌보라고 위임받은 권력을 가지고 백성을 억압하고 착취하는 데 사용하는 이들은 하나님을 대적하는 이들입니다.

제3의 기다림

대림절은 기다림의 절기입니다. 우리는 '다시 오마' 약속하셨던 주님이 이 땅의 어둠을 뚫고 빛으로 임하시기를 간절히 기다립니다.

그러나 그 기다림은 막연한 기다림, 수동적인 기다림이어서는 안 됩니다. 체코 대통령으로 재직했던 바츨라프 하벨은 기다림을 둘로 나누어 설명합니다. 하나는 고도Godot를 기다리는 것입니다. '고도'는 사무엘 베케트의 희곡 《고도를 기다리며》에 나오는 가상의 인물입니다. 이 희곡에서 블라디미르와 에스트라공은 언제 올지도 모르는 '고도'를 막연히 기다리며 권태를 다스립니다. 하벨은 공산주의 체제 가운데 살던 자기들의 처지가 그러했다고 말합니다. "자신의 내부에 희망을 갖지 못했기에 외부에서 올 구원을 갈망"[15]했던 것입니다. 그들에게 고도는 무력감을 감추기 위한 가림막에 지나지 않았습니다. 다른 하나는 인내의 기다림입니다. 이것은 "억압에 굴하지 않고 진리를 말하는 저항이야말로 합당하다는 생각에서 우러나오는 기다림입니다. 인정을 받든 승리를 거두든 패배를 하든 상관이 없습니다."[16] 그는 이런 기다림을 반체제적 인내의 기다림이라고 말합니다. 어찌 보면 매우 숭고한 태도입니다.

그러나 우리는 그것과는 또 다른 하나의 기다림을 알고 있습니다. 그것은 결코 절망으로 귀착될 수 없는 기다림입니다. "어둠 속과 죽음의 그늘 아래에 앉아 있는 사람들에게 빛을 비추게 하시고, 우리의 발을 평화의 길로 인도하실"(눅 1:79) 분이 오고 계십니다. 우리의 희망은 우리의 의지나 지성으로부터 시작되는 것이 아니라, 우리를 사랑하시어 우리 삶과 역사에 개입하시는 하나님으로부터 시작됩니다. 주님이 오심을 기다린다는 것은 그렇기에 막연히 좋은 날

오기를 기다리는 것도 아니고, 그저 인내하며 기다리는 것도 아니고, 하나님이 바라시는 세상의 꿈을 가슴에 품고 그 세상을 열기 위해 노력하는 것을 의미합니다. 강대국들의 틈바구니에서 시달리던 이스라엘 백성이 간절히 기다리던 '그날'은 반드시 옵니다. 이사야는 그날이 오면 사람들은 이런 찬양을 올릴 거라고 말합니다.

주님, 전에는 주님께서 나에게 진노하셨으나, 이제는 주님의 진노를 거두시고, 나를 위로하여 주시니, 주님께 감사드립니다. 하나님은 나의 구원이시다. 나는 주님을 의지한다. 나에게 두려움 없다. 주 하나님은 나의 힘, 나의 노래, 나의 구원이시다(사 12:1-2).

주님께서 진노를 거두시는 날, 고통 받던 이들을 위로하시는 날, 사람들은 감사의 찬양을 하나님께 바칠 것입니다. "주 하나님은 나의 힘, 나의 노래, 나의 구원"이라고 진실되게 고백하는 순간, 우리 속에 깃들었던 무기력증은 사라지고 하늘의 생기가 스며들 것입니다. 어둠이 지배하는 것 같은 세상살이에 지쳐 낙심할 때도 있고, 가끔은 어긋난 길로 나아가기도 하지만, 믿는 이들은 기어코 몸을 일으켜 다시 하늘빛을 따라 걷습니다. 조금 더디다고 해서 안달할 것 없습니다. 누군가를 미워하고 조롱하는 것만으로는 어둠의 세력과 싸워 이길 수 없습니다. 시절이 수상할수록 기쁨과 명랑함으로 현실을 건널 수 있어야 합니다. "너희가 구원의 우물에서 기쁨으로 물을 길을 것이다"(사 12:3). 먼 훗날 벌어질 일이 아닙니다. 구원의 우물에서 기쁨으로 물을 길어 올릴 수 있을 때 우리는 긴 싸움에서 승리할 것입니다.

지향이 분명하면

대림절기는 우리에게 너무 성급하게 희망하거나 절망하지 말라고 합니다. 우리가 마땅히 가야 할 길을 내다보면서 꾸준히 걸어가라고 우리를 초대합니다. 도종환 시인의 〈화〉는 선불 맞은 짐승처럼 세상이 왜 이 모양이냐며 씩씩거리는 사람들의 마음을 조용히 다독거려 줍니다.

> 욕을 차마 입 밖으로 꺼내 던지지 못하고
> 분을 못 이겨 씩씩거리며 오는데
> 들국화 한 무더기가 발을 붙잡는다
> 조금만 천천히 가면 안 되겠느냐고
> 고난을 참는 것보다
> 노여움을 참는 게 더 힘든 거라고

들국화만으로는 안 되었던지 은행잎들도 놀란 얼굴로 내려오며 앞을 막고, 저녁 종소리까지 어떻게 알고 달려오고, 낮달도 근심 어린 낯빛으로 가까이 와서 조용히 속삭입니다. "우리도 네 편이라고,

지는 게 아니라고." 지향만 분명하다면 우리는 결코 지지 않습니다. 예수 그리스도의 십자가와 부활이 그 증거입니다.

매년 이맘때면 떠오르는 것이 윤동주의 〈쉽게 씌어진 시〉입니다. 그는 절망스러운 현실을 개탄하지만, 무너져 내리는 마음을 애써 추스르면서 이렇게 노래합니다.

등불을 밝혀 어둠을 조금 내몰고,
시대처럼 올 아침을 기다리는 최후의 나.

작다고, 초라하다고 낙심할 것 없습니다. 등불을 밝히는 순간 어둠은 조금 물러나게 마련입니다. 등불을 밝혀 든다는 것은 어느 날 도둑처럼 찾아오게 될 하나님의 시간을 기다린다는 뜻입니다. 그것을 알았기에 시인은 마지막 연에서 이렇게 노래하고 있습니다.

나는 나에게 작은 손을 내밀어
눈물과 위안으로 잡는 최초의 악수.

슬픈 자기 위안이 아닙니다. 자기의 시린 손을 스스로 잡아 줄 때 주님의 손길도 포개지는 법입니다. 어둠이 짙을수록 별빛은 더욱 찬란한 법입니다. 주님 안에서 걸어가는 우리가 이 세상 외로운 영혼들의 마음을 밝히는 한 점 불빛이 될 수 있었으면 좋겠습니다.

첫사랑

'첫사랑'이라는 제목을 보고 가슴이 설레는 분들이 계신지 모르겠습니다. 아무런 설렘도 없다면 번뇌의 불꽃이 꺼진 도인이거나, 세상살이에 지쳐 열정을 잃어버린 목석일 터입니다. 첫사랑은 꿈결처럼 왔다가 안개처럼 흩어집니다. 저는 이번 주 내내 첫사랑에 대해 생각했습니다. 어떤 아련한 이야기를 기대하시는 이들이 있다면 실망을 안겨 드릴 것 같습니다. 저는 70년대 중반 생전 처음으로 교회에 나갔던 청년 시절을 떠올리고 있습니다. 그때 제게 세상은 '닫힌 문'처럼 느껴졌습니다. 저는 마치 세상 모든 곳에서 출입 금지 명령을 받은 사람 같았습니다. 그러다가 교회에 처음 나가게 되었고, 예수라는 사나이와 인사를 나누었고, 점차 그의 존재의 신비에 끌려 들어갔습니다. 인간 혼의 거대한 산에 부딪힌 느낌이었습니다. 그러나 그 산은 난폭하거나 거만하지 않았습니다. 그분을 통해 이 세상의 표면적 질서와는 다른 이면의 삶이 있다는 사실을 배웠고, 어느 순간 '길'을 찾았다는 확신이 찾아왔습니다. 그것은 참으로 신비한 깨달음이었습니다. 이분께 내 생을 맡기는 것보다 더 멋진 일이 없다는 사실을 자각하는 순간 저는 아주 편안해졌습니다.

하지만 '그 길'은 안락과 편안이 보장된 길이 아니라는 사실을 너무나 잘 알았기에 저는 자주 비장해졌습니다. "존귀 영광 모든 권세 주님 홀로 받으소서/멸시 천대 십자가는 제가 지고 가오리다" "아골 골짝 빈들에도 복음 들고 가오리다" 찬송가를 부를 때마다 실존적 두려움이 엄습하곤 했습니다. 내가 돌아설 수 없는 길로 가고 있구나 하는 아뜩한 느낌도 들었습니다. 그때는 참 미숙한 게 많은 때였습니다. 그때에 비하면 세상을 바라보는 저의 관점은 많이 변했습니다. 성경의 그 장엄한 세계를 전체적으로 가늠할 수 있는 눈도 다소 열렸습니다. 예수님에 대해서도 더 많이 알게 되었고, 영의 세계에 대해서도 더 깊은 이해를 가지게 되었습니다. 근 30여 년을 목회자로 살아오면서 사람살이의 현장에서 벌어지는 복잡한 일들의 속살도 들여다볼 줄 알게 되었습니다. 사람들을 위로해야 할 때와, 꾸짖어야 할 때, 그리고 홀로 내버려 두어야 할 때도 어느 정도는 분별하게 되었습니다.

그런데 이 가을 제 마음은 쓸쓸합니다. 마치 제 속이 텅 빈 것처럼 느껴지기 때문입니다. 어느 순간부터 아골 골짝에 갈 마음이 사라졌습니다. 멸시 천대 십자가를 지려던 장한 열망도 접었습니다. 하루하루 주어진 일상을 성실히 채워가는 데 급급하고 있습니다. 모든 일이 익숙해지면서 예수와 만났던 그 첫 순간의 뜨거운 마음, 주님의 교회를 위한 열정이 조금씩 퇴색되어 감을 느낍니다. 참담합니다.

한 주 내내 '첫사랑'을 묵상하는 동안 떠오른 것은 '처음 사랑'을 버렸다고 책망 받았던 에베소교회입니다.

든든한 교회, 하지만?

계시록 2장과 3장에 나오는 일곱 교회 이야기를 통해 우리는, 사도들의 영향력이 감소되고 있던 상황에서 신자들의 영성이 어떤 상태였으며 교회 공동체가 어떤 문제들과 씨름했는지를 알 수 있습니다. 그리고 에베소교회에 대해 묵상해 보려고 합니다. 소아시아의 서쪽 해안에 있던 도시 에베소는 로마의 지배를 받던 아시아 주의 수도였습니다. 그곳은 다양한 종교의 중심지였고 특히 대지의 여신인 아르테미스(다이아나)와 황제 숭배의 중심지였습니다. 사도 바울이 그곳에 와서 복음을 전한 것은 대략 50~55년 사이로 알려지고 있습니다. 사도 요한도 생애의 마지막 시기를 이곳에서 보낸 것으로 알려지고 있습니다. 지금도 그곳에는 사도 요한 기념 교회의 유적이 남아 있습니다.

바울은 그곳에서 근 3년 가까이 머물렀던 것으로 보입니다. 늘 새로운 선교지를 찾아 길을 떠나곤 했던 그로서는 이례적인 일이라 하겠습니다. 바울은 그곳에서 대단한 영적 영향력을 발휘했습니다. 누가는 사람들이 "바울이 몸에 지니고 있는 손수건이나 두르고 있는 앞치마를 그에게서 가져다가, 앓는 사람 위에 얹기만 해도 병이 물러가고, 악한 귀신이 쫓겨 나갔다"(행 19:12)고 전합니다. 많은 사람들이 주께 돌아와 자기들이 한 일을 자백하고 참회했습니다. 그러다가 그예 사단이 벌어졌습니다.

아르테미스 여신을 섬기던 이들의 선동으로 인해 바울은 위기에 처했고, 제자들의 강권에 의해 에베소를 떠나게 됩니다. 바울은 교회의 장로들을 밀레도 바닷가로 불러내 그들과 작별 인사를 나누었습니다. 바울은 비장합니다. 예루살렘에서 그를 기다리는 것이 투옥과 환난임을 직감하고 있었기 때문입니다. 그는 장로들에게 스스로를 잘 살피고 양 떼를 잘 보살피라고 당부합니다. 얼마 지나지 않아 사나운 이리들이 들어와서 사람들의 마음을 뒤흔들어 놓으리라는 것을 예측하고 있었기 때문입니다. 바울과 에베소교회의 장로들은 바닷가에 무릎을 꿇고 함께 기도를 드렸습니다. 그리고 다시는 서로를 볼 수 없다는 사실을 알기에 실컷 울고 나서, 목을 끌어안고 입을 맞추었습니다. 성경에서 가장 가슴 뭉클한 장면 가운데 하나입니다.

바울이 떠난 후 에베소교회는 매우 취약한 상태에 있었습니다. 그들이 특히 유의해야 했던 것은, 에베소를 찾아오는 순회 설교가들 가운데서 거짓 사도들을 식별해 내고 그들의 가르침을 차단하는 일이었습니다. 그런 면에서 에베소교회는 주님의 칭찬을 받습니다. 제3세대 교부였던 이냐시오스 성인도 같은 내용을 전하고 있습니다.

나는 일찍부터 여러분이 새로운 교리를 가지고 찾아온 자들에 대해 그들이 여러분 사이에 자리 잡도록 허락하지 않고 그들의 씨앗이 여러분 사이에 떨어지지 않도록 여러분의 귀를 막은 사실에 대해 잘 알고 있습니다. (디다케 11.8,10/헤르마스의 목자 11.11-15)

성령은 이 교회가 니골라 당이 하는 일을 미워했다고 말합니다. '니골라'라는 단어는 '정복하다'는 뜻의 니카오 $νικάω$와 '백성'을 뜻하는 라오스 $λαός$가 결합된 말입니다. 뜻을 새겨 보면 그들은 사람들의 마음을 빼앗아 나쁜 영향력을 행사한 이들이라 할 수 있을 것입니다. 유추해 보자면, 니골라 당은 성도들로 하여금 그 시대가 추구하는 가치와 정신에 적당히 편승해 살아가도록 오도한 것으로 보입니다. 지금 이 시대에도 니골라 당과 같은 길을 걸어가는 이들이 꽤 많습니다. 힘과 폭력이 정상이 되고, 사랑과 섬김과 나눔이 비정상이 되는 시대일수록 교회는 니골라 당의 유혹에 식민하게 됩니다. 하지만 에베소교회는 결연한 의지로 그들과 타협하지 않았습니다.

주님은 에베소교회 신자들이 한 일과 수고와 인내를 잘 알고 있다고 하십니다. '한 일, 수고, 인내'는 정확히 '믿음, 사랑, 소망'과 연결됩니다. 데살로니가교회에 보내는 편지에서 바울은 그들의 믿음의 행위와 사랑의 수고와 소망의 인내를 칭찬한 바 있습니다(살전 1:3). 게다가 에베소교회는 주님의 이름을 위하여 고난 받기를 마다하지 않았고, 어떠한 어려움 속에서도 낙심하지 않았습니다. 사실 신앙은 함께 겪어 내는 시련을 통해 순수해지고 단단해지기도 합니다.

이렇게 보면 에베소교회는 참 든든히 선 교회, 혹은 모범적인 교회라고도 할 수 있겠습니다.

영적 냉담함

하지만 이 교회에는 가장 중요한 것이 빠져 있었습니다. 주님과 만났던 순간에 그들의 가슴을 가득 채웠던 첫사랑의 마음이 어느 결에 사라지고 말았던 것입니다.

에베소 교회의 심부름꾼에게 이렇게 써 보내라. "오른손에 일곱 별을 쥐시고, 일곱 금 촛대 사이를 거니시는 분이 말씀하신다. 나는 네가 한 일과 네 수고와 인내를 알고 있다. 또 나는, 네가 악한 자들을 참고 내버려 둘 수 없었던 것과, 사도가 아니면서 사도라고 자칭하는 자들을 시험하여 그들이 거짓말쟁이임을 밝혀 낸 것도, 알고 있다. 너는 참고, 내 이름을 위하여 고난을 견디어 냈으며, 낙심한 적이 없다. 그러나 너에게 나무랄 것이 있다. 그것은 네가 처음 사랑을 버린 것이다. 그러므로 네가 어디에서 떨어졌는지를 생각해 내서 회개하고, 처음에 하던 일을 하여라. 네가 그렇게 하지 않고, 회개하지 않으면, 내가 가서 네 촛대를 그 자리에서 옮기겠다. 그런데 네게는 잘 하는 일이 있다. 너는 니골라 당이 하는 일을 미워한다. 나도 그것을 미워한다. 귀가 있는 사람은, 성령이 교회들에 하시는 말씀을 들어라. 이기는 사람에게는, 내가 하나님의 낙원에 있는 생명나무의 열매를 주어서 먹게 하겠다"(계 2:1-7).

겉으로 보기에는 나무랄 데 없는 교회요 신자처럼 보였지만 그들은 살아 있는 중심을 잃어버렸던 것입니다. 기쁨과 감격을 가지고 주님을 위해 모든 것을 바치고 싶어 했던 그 마음이 사라져 버린 것입니다. 에베소교회는 잘 정돈된 교회입니다. 하지만 불꽃이 없고, 주님을 향한 열정이 사라진 공동체에 매력이 있을 리가 없습니다. 저는 지금 두렵습니다. 이게 나의 모습인 것 같고, 우리 교회의 모습인 것 같아서 말입니다.

주님은 에베소교회를 향해 사랑에 찬 권고를 하십니다. "네가 어디에서 떨어졌는지를 생각해 내서 회개하고, 처음에 하던 일을 하여라." 이것은 잃어버린 첫 사랑을 회복하라는 주님의 간곡한 초대입니다. 회복의 과정은 세 가지로 제시되고 있습니다. 생각하고, 회개하고, 마땅히 해야 할 일을 하는 것입니다. 우리의 병통은 무엇입니까? 지갑을 잃어버리면 즉각 알아차리지만, 하나님이 주신 본디 마음을 다 잃어버리고는 잃은 줄도 모른다는 것입니다. 나를 잃어버리고 살았다는 자각은 아픕니다. 하지만 그것은 새로운 희망의 시작입니다. 회개란 삶의 초점을 바로잡는 일입니다. 우리 마음을 하나님을 향하여 돌려놓는 일입니다.

《피너츠》라는 만화에서 본 한 장면이 떠오릅니다. 주인공인 찰리 브라운이 뒤꼍에서 활 쏘는 연습을 하고 있습니다. 그런데 그는 무작정 벽을 향해 활을 쏘고는 천천히 그곳으로 걸어가 화살을 중심으로 과녁을 그려 넣곤 했습니다. 그 광경을 보고 있던 루시가 다가와 "대체 뭘 하는 거니?"라고 묻자 찰리 브라운은 자기는 절대로 실패하지 않는 길을 택했다고 말합니다. 여러분은 과녁을 제대로 겨누고 삽니까? 우리 마음이 가 닿아야 할 곳은 바로 예수님의 마음입니다. 그 마음을 얻기 위해서는 우리 마음을 자꾸만 주님께 바쳐야 합니다. 기도하고, 성경 말씀 묵상하고, 예배에 참석하고, 공동체를 세우기 위해 헌신해야 합니다. 지금 우리의 마음은 잘 조율되어 있습니까? 우리 마음이 예수님의 마음과 일치되고 있습니까? 이번 주에, 이용도 목사님이 1927년에 쓰셨던 글을 사무치는 마음으로 읽고 또 읽었습니다.

피를 주소서. 우리는 눈물도 말랐거니와 피는 더욱 말랐습니다. 그래서 무기력한 빈혈 병자가 되었습니다. 피가 없을 때는 기운이 없고, 맥없고, 힘없고, 담력 없고, 의분 없고, 화기 없고, 생기가 없습니다. 그 대신 노랗고, 겁 많고, 쓸쓸하고, 소망이 없습니다. 우리에게 그리스도의 피를 주사해 주소서. 그래서 우리는 새 기운을 얻고 화기와 생기 있고 기쁨이 있게 하옵소서. 우리는 죄에게 잡히어 죽어 가되, 그 죄와 더불어 싸울 만한 피가 없습니다. 악마가 우리 인간을 유린하되, 그것을 분히 여기는 피가 없습니다. 주여, 우리에게 당신의 피를 주사해 주옵소서. 그래서 죄악과 더불어 싸우게 하여 주옵소서. 우리의 영혼이 원수 마귀를 격파하게 하여 주옵소서. 피가 있게 하소서. 피가 없으면 죽은 사람-우리에게는 피가 없어요. 주여, 우리는 기이 죽게 되었나이다. 당신의 십자가에 흘리신 피로써 우리에게 주사해 주옵소서.

우리는 예수의 피가 우리를 구원한다고 고백합니다. 옳습니다. 예수의 피가 우리 속에 있을 때, 그래서 예수의 정신이 우리 속에서 살아날 때 우리는 구원받은 사람이 됩니다. 예수의 피가 우리 속에서 뜨겁게 흐르면 우리는 새사람이 됩니다. 죄에 맞서 싸우게 되고, 불의한 세상과 맞서 싸우게 됩니다. 그렇지만 지금 우리는 빈혈 환자가 아닙니까? 삶의 안전만을 최고의 가치로 여기며 살고 있는 것은 아닙니까? 예수의 피가 없으면 우리는 영적으로 죽은 사람입니다. 레위기의 성결법전에 보면 성소의 휘장 앞에는 늘 등불을 켜 두어야 한다고 규정되어 있습니다. 백성들은 올리브를 찧어서 짜낸 깨끗한 기름을 공급해야 하고 아론은 그 불이 저녁부터 아침까지 꺼지지 않게 해야 한다는 것입니다(레 24:1-4). 오늘 우리는 주님 앞에 어떤 기름을 가져오고 있습니까? 교회가 세상의 빛이 되지 못한 지 이미 오래입니다. 예수 정신의 불꽃이 스러지고 있습니다.

시천주侍天主, 양천주養天主
우리는 주님이 교회들에게 하시는 엄중한 말씀에 귀를 기울여야 합니다. "회개하지 않으면, 내가 가서 네 촛대를 그 자리에서 옮기겠다." 두려운 말씀입니다. 하나님의 이름으로 불리는 교회라 해도 마땅히 해야 할 일을 하지 않을 때는 이미 죽은 교회라는 선언입니다. 맛 잃은 소금과 같은 교회는 더 이상 교회가 아닙니다. 잊지 마십시오. 종교에도 흥망성쇠가 있습니다. 종교학자인 정진홍 선생님은 3천 년을 지속하던 이집트 종교는 다 사라지고 신전만 남아 있다면서 '신도가 없어지면 신도 사라진다'고 했습니다. 그런데 이 말 앞에 '바르게 믿는'이라는 말을 추가해야 할 것 같습니다. 우리가 제대로 믿지 않으면 하나님은 우리 곁을 떠나실 것입니다.

동학은 '시천주侍天主' 곧 '하나님을 모심'을 강조합니다. 그게 종교의 핵심입니다. 자기 속에 하나님을 모시고 사는 이는 경거망동할 수 없습니다. 남을 함부로 대할 수도 없습니다. 하나님이 지으신 세상을 우리 맘대로 착취하고 변형시킬 수도 없습니다. 그런데 시천주보다 더 중요한 개념은 '양천주養天主' 즉 '하나님을 봉양하는 것'입니다. 마치 부모님을 봉양하듯이 하나님의 뜻을 받들고 성심껏 섬김으로써 우리 속에서 하나님의 주권이 확립되도록 한다는 뜻일 것입니다. 오늘 우리는 이런 정성스러움을 많이 잃었습니다. 주일예배에 참석하는 것으로 신앙생활을 다했다고 생각하는 이들도 있습니다. 하지만 삶이 변화되지 않는다면 그게 무슨 소용이겠습니까? 타성에 젖은 신앙생활은 오히려 우리를 영적인 냉담자로 만들기 일쑤입니다. 이제 돌이켜야 할 때입니다. 신앙생활은 그래서 '싸움'입니다. 주님의 영광을 드러내기 위해 삿된 욕망과 싸우고, 거짓과 싸우고, 안일과 싸우고, 악한 영과 싸우는 것입니다.

주님은 환난과 학대와 고통을 참아 내면서 진리를 증언하고 또 악을 이기는 사람에게 하나님의 정원에 있는 생명나무 열매를 주시겠다고 하십니다. 그 열매란 그리스도를 통해 부여된 새로운 생명, 즉 영생입니다. 우리의 내면이 주님에 대한 사랑과 열정으로 다시 한 번 뜨겁게 타오르는 나날이 되기를 기원합니다.

어울림_____

10월은 잎이 붉게 물든다 하여 '잎 붉은 달'이라 칭하는 달입니다. 좋으신 하나님의 사랑과 은총으로 우리 마음도 붉게 물들 수 있으면 좋겠습니다. 가끔 우리 마음이 너무 창백하고 파리하게 변해 버린 것은 아닌가 싶어 쓸쓸해질 때가 있습니다. 신문이나 방송을 통해 우리 사회에서 벌어지는 일들을 보노라면 참담한 생각을 금할 수 없습니다. 갈등을 부추기는 천박한 말과 관음증적 호기심이 난무합니다. 대결과 대립, 냉소와 조롱의 말이 넘칩니다. 그 말이 꼭 우리 개개인을 향한 것이 아니라 해도 우리는 그 말의 영향에서 자유로울 수 없습니다. 괜히 옆에 서 있다가 오물을 함께 뒤집어 쓴 것 같은 느낌이 듭니다. 이런 일이 반복되면서 우리 영혼은 퍼렇게 멍들었습니다. 그 멍든 영혼을 주님 앞에 자꾸만 내려놓지 않으면 우리 또한 괴물로 변해 버릴지도 모릅니다.

 작고한 시인 고정희는 〈상한 영혼을 위하여〉라는 시에서 이렇게 노래했습니다.

상한 갈대라도 하늘 아래선
한 계절 넉넉히 흔들리거니
뿌리 깊으면야
밑둥 잘리어도 새순은 돋거니
충분히 흔들리자 상한 영혼이여
충분히 흔들리며 고통에게로 가자

시인이 고통을 부둥켜안자고 말할 수 있었던 것은 세월이 아무리 어두워도 마주 잡을 손 하나 오고 있다고 믿었기 때문입니다. 마주 잡을 손이 없을 때, 인생은 그야말로 적막강산이 됩니다. 살다 보면 누군가 나에게 마주 잡을 손 하나가 되어 주기를 간절히 바랄 때가 있습니다. 그 손은 가족일 수도 있고, 친구일 수도 있고, 하나님일 수도 있습니다. 얼음처럼 차가워진 손을 잡아 따뜻하게 녹여 줄 손 하나 있으면 세상은 그런 대로 살 만한 곳이 됩니다. 많은 종교인들과 시민들이 우리 사회 곳곳에서 벌어지는 갈등의 현장에 나아가 어려운 이들 곁에 서 있는 것은 서러운 이들의 손을 잡아 주기 위함입니다.

독선과 배타를 넘어

다른 사람과 어울리지 못하는 사람은 자기 욕심만 채우려 하고,

건전한 판단력을 가진 사람을 적대시한다. 미련한 사람은 명철을 좋아하지 않으며, 오직 자기 의견만을 내세운다. 악한 사람이 오면 멸시가 뒤따르고, 부끄러운 일 뒤에는 모욕이 따른다. 슬기로운 사람의 입에서 나오는 말은 깊은 물과 같고, 지혜의 샘은 세차게 흐르는 강처럼 솟는다. 악인을 두둔하는 것과 재판에서 의인을 억울하게 하는 일은 옳지 않다(잠 18:1-5).

지혜가 오롯이 담긴 잠언의 한 말씀은 "다른 사람과 어울리지 못하는 사람은 자기 욕심만 채우려 하고, 건전한 판단력을 가진 사람을 적대시한다"고 가르칩니다. 사귐에 다소 굼뜨거나 소극적인 사람들에게는 좀 불편한 말입니다. 노는 일에 이골이 난 사람들은 어쩌면 이 구절에 밑줄을 그을지도 모르겠습니다. 하지만 너무 위축될 것도 없고, 우쭐할 것도 없습니다. 이 구절은 소극적인 사람들을 정죄하는 말이 아니기 때문입니다. '어울림'이란 한데 섞이어 조화롭게 되는 것을 일컫는 말입니다.

지금은 사라진 도시의 풍경 하나가 떠오릅니다. 아이들이 친구 집 앞에 우르르 몰려가서 외칩니다. "OO야, 놀~자!" 마을 공터에서 놀던 아이 하나가 엄지손가락을 세운 채 외칩니다. "술래잡기 할 사람 여기 붙어라!" 참 정겨운 풍경입니다. 인간의 인간됨은 어울림에 있습니다. 그런데 현실은 우리로 하여금 흉허물 없이 어울릴 수 있는 기회를 자꾸만 빼앗아 갑니다.

그래서 저는 1절을 이렇게 바꾸어 읽어 봅니다. "자기 욕심만 채우려 하고, 건전한 판단력을 가진 사람을 적대시하는 사람은 어울려 사는 법을 모르는 사람이다." 유유상종類類相從이라는 말이 있습니다만, 진짜 어울림의 명수들은 자기와 다른 이들까지도 기꺼이 품어 안는 사람입니다. 남아프리카 공화국의 데스몬드 투투 주교는 교회를 가리켜 '무지개 공동체'라 했습니다. 무지개가 아름다운 것은 서로 다른 색들이 한데 어우러지기 때문인 것처럼, 교회는 다양한 개성을 가진 이들이 만나 조화를 이룰 때 교회다워집니다.

어울림의 반대는 독선과 배타입니다. 독선과 배타의 뿌리는 자기 애self-love입니다. 독선적인 사람일수록 자기 의self-righteousness가 강합니다. 자기 의는 예수님이 가장 미워하셨던 것입니다. 그것은 당사자를 망칠 뿐만 아니라 다른 이들의 가슴에 치유되기 어려운 상처를 입히기 때문입니다. "매에 맞으면 자국이 남지만 혀에 맞으면 뼈가 부러진다"(집회 28:17). 경외서인 집회서에 나오는 한 대목입니다. 위에서 인용한 잠언의 말씀도 같은 사실을 가르치고 있습니다.

미련한 사람은 명철을 좋아하지 않으며, 오직 자기 의견만을 내세운다(2절).

악한 사람이 오면 멸시가 뒤따르고, 부끄러운 일 뒤에는 모욕이 따른다(3절).

'쓸모와 유용성'이 거대한 우상이 되어 모든 이들에게 숭배를 강요하는 시대는 품성이 고귀한 사람을 귀히 여기지 않습니다. 이런 세상에 살기에 우리 마음은 늘 퍼렇게 멍이 들어 있습니다. 치유책은 없을까요? 있습니다. 그것은 '아름다움에 대한 감수성'을 높이는 것입니다. 아름다움에 대한 감수성을 높이기 위해서는 어떻게 해야 할까요? 잘 놀 줄 알아야 합니다. 사람은 현실의 필요성 때문에 힘겹게 일을 하거나, 어떤 목적을 이루기 위해 온 힘을 집중하기도 합니다. 하지만 사람은 일만 하며 살 수는 없습니다. 우리가 가리산지리산 비틀거리지 않으려면 아무런 현실적인 목표 없이 지내야 하는 시간, 곧 무위無爲의 시간이 꼭 필요합니다. 18세기 말의 독일 철학자 프리드리히 실러Johann Christoph Friedrich Schiller는 자유롭게 노는 일의 아름다움을 이렇게 노래합니다.

사자가 굶주림에 시달리지 않고 어떤 맹수와도 싸울 필요가 없을 때면 남는 힘이 스스로 하나의 대상을 만들어 냅니다. 사자의 힘찬 포효는 초원을 울리고 이렇게 목적 없는 낭비에서 사자는 여분의 힘을 스스로 즐기는 것이지요. 곤충은 햇빛 속에서 웅웅거리며 즐거운 삶을 누립니다. 새의 노래 선율에서 우리가 듣는 것은 욕구의 외침만은 아닙니다.[17]

잘 놀 때 우리 속에 깃든 무거움이 사라집니다. 우리에게 감춰

져 있던 능력을 발견하게 됩니다. 구체적인 목적 없이 놀이를 할 때 사람은 자기 속에 있는 아름다움과 마주치게 됩니다. 놀이는 우리를 짓누르는 현실의 중압감으로부터 우리를 자유롭게 풀어 줍니다. 그러니 아이들에게서 놀이를 위한 시간과 공간을 빼앗아가는 일은 그야말로 생명에 대한 폭력이요 낭비라고 말해야 할 것입니다. "다 너 잘 되라고 하는 말이야" 하면서 우리는 아이들의 생명을 호리병 속에 가둡니다. 그렇게 해서 우리는 아름다움에 반응할 줄 모르는 사이보그적인 인간을 양산해 냅니다. 지혜로운 듯하나 미련한 자들이 참 많습니다.

몸에 배어든 하늘

자기 의견만을 내세우는 미련한 사람과 대조되는 것은 슬기로운 사람입니다. 잠언 기자는 슬기로운 사람에 대해 이렇게 말합니다.

> 슬기로운 사람의 입에서 나오는 말은 깊은 물과 같고, 지혜의 샘은 세차게 흐르는 강처럼 솟는다(4절).

'슬기'는 사리를 밝히고 잘 처리해 가는 능력을 일컫는 순 우리말입니다. 여기서 파생된 말 가운데 '슬금하다'라는 단어가 있습니다. 속으로 슬기롭고 너그럽다는 뜻입니다. 슬기로움에는 너그러움도 내포되어 있음을 알 수 있습니다. 너그러움은 마음이 넓고 크다는 뜻이니, 편협함과 대조되는 말이라 보면 되겠습니다. 성경은 하나님을 경외하는 사람이야말로 슬기로운 사람, 지혜로운 사람이라 말합니다. 지혜로운 사람은 자기 말이나 행동을 하나님의 마음이라는 체에 걸러서 내놓는 사람입니다. 그렇기에 그의 말은 깊은 물과 같습니다. 깊은 물은 쉽게 찰랑거리지 않습니다. 고요하게 흘러 만물의 어미가 됩니다. 또한 지혜로운 사람은 인생의 어떤 가뭄을 만나도 쉽게 고갈되지 않습니다. 깊이를 알 수 없는 곳에서부터 샘물이 솟구쳐 나오기 때문입니다. 성령의 충만함으로 그리스도에 대해 증언하는 제자들을 보고 학식 많던 의회원들은 깜짝 놀랐습니다. 누가는 그 장면을 이렇게 기록하고 있습니다.

> 그들은 베드로와 요한이 본래 배운 것이 없는 보잘것없는 사람인 줄 알았는데, 이렇게 담대하게 말하는 것을 보고 놀랐다(행 4:13).

지혜는 배워서 아는 지식이 아닙니다. 몸과 마음에 저절로 배어든 '하늘'이고 '내면의 빛'입니다. 누가 그들을 막을 수 있겠습니까? 바울 사도는 지식은 사람을 교만하게 하지만 사랑은 덕을 세운다(고전 8:1)고 말했습니다. 지금 이 시대에 절실히 필요한 것이 바로 덕을 세우는 사랑 그리고 지혜입니다.

우리 모두 함께 어우러짐을 통해 우리 속에 깃든 아름다움과 형제자매들의 가슴에 깃든 신성함을 발견할 수 있으면 좋겠습니다. 그리고 편협하고 이기적이었던 마음이 넓어져 누군가의 품이 되어 줄 수 있으면 좋겠습니다. 이러한 어우러짐을 통해 캄캄한 하늘 아래 서 있는 이들에게 마주 잡을 손 하나가 되어 주는 것을 배울 수 있었으면 좋겠습니다.

화해자_____

 무더위가 계속되고 있지만 처서 절기가 성큼 우리 앞에 당도했습니다. 옛날 농부들은 처서(處暑) 절기가 다가올 때면 여름내 사용하던 농기구들을 닦아 창고에 들여놓았다고 합니다. 뜨겁던 햇볕이 누그러져 풀이 더 이상 자라지 않기 때문입니다. 장마 통에 눅진눅진해진 옷과 책을 꺼내 바람을 쐬 주는 것(曝風)도 이때 해야 할 일입니다. 바야흐로 좋은 때가 다가오는 것입니다.

 8월 18일은 평생을 민주주의라는 대의를 위해 헌신해 온 한 거인이 우리 곁을 떠난 날입니다. 김대중 대통령이 86세의 생을 마감한 날입니다. 그는 오랫동안 수많은 사람들의 애증의 대상이었습니다. 그를 사랑했던 이들은 '선생님'이라는 호칭으로 그분에 대한 사랑과 감사의 마음을 표했고, 그를 미워했던 이들은 그에게 색깔을 덧입혀 경멸했습니다. 어느 쪽이든 우리 국민은 그분에게 많은 빚을 졌습니다. 그분은 누가 뭐래도 제도적인 민주주의의 초석을 닦은 분입니다. 수없이 많은 고초를 겪으면서도 그를 지탱해 준 것은 신앙이었습니다.

저는 80년대 초반, 감옥에 갇혀 있던 그가 가족들에게 보낸 장문의 편지 복사본을 매달 입수할 수 있었습니다. 교인들 중의 한 분이 그걸 전해 주곤 하셨습니다. 봉함엽서에 여백조차 없이 써 내려간 깨알 같던 글씨들, 그것도 남몰래 보기 위해서는 집중력이 필요했습니다. 젊은 날 그가 보여 주던 진지한 신앙의 모습은 저에게도 상당히 큰 도전이 되었습니다. 나중에 《김대중 옥중서신》(청사, 1984)이라는 제목으로 출간되었다가 곧 판매 금지 조치된 그 편지글은 어디를 펼쳐도 진실한 신앙인으로 살고자 하는 그의 열망이 잘 나타나 있습니다.

크리스천이 된 행복은 무어라 해도 남(他)을 미워하지 않고 사랑할 수 있다는 것이며, 이웃 특히 고난 받는 사람들에의 사랑의 마음과 봉사를 주님의 뜻으로 행하는 기쁨일 것이오.(35쪽)

사랑하려면 먼저 용서해야 합니다. 용서하려면 상대의 처지와 심정을 이해해야 합니다. 이해하려면 상대방의 처지와 심정을 알기 위한 대화가 필요한 것입니다. 대화도 이해도 없는 가운데 곡해와 무지가 쌓여 있는 가운데는 용서도 사랑도 있기 어렵습니다.(143쪽)

하나님의 축복이란 평탄한 생활과 번영의 보장이 아니다. 그것은 어떠한 고난, 역경, 실패 속에서도 이를 극복하고 새로운 가능성 앞에 서는 힘을 우리에게 주시는 것이다.(202쪽)

하나님의 소명을 받은 사람은 이 세상의 빛과 소금이 되어야 한다. 빛은 암흑의 권세와 싸워야 하고, 부패의 힘과 싸워야 한다. 그러므로 빛과 소금이 된다는 것은 시련과 고난의 생활을 의미한다.(286쪽)

물론 그분이라고 해서 왜 오류가 없었겠으며, 실수나 죄가 없었겠습니까? 하지만 넘어지고 일어서기를 반복하면서도 그가 끝내 지향했던 세상은 모든 사람들이 평화롭게 공존하는 참 세상이었을 것입니다. 그가 대통령이 되어 정치 보복을 차단하고 관용과 포용을 역설했던 것도 따지고 보면 그의 신앙 때문이었을 것입니다.

얼의 사람

그러므로 이제부터 우리는 아무도 육신의 잣대로 알려고 하지 않습니다. 전에는 우리가 육신의 잣대로 그리스도를 알았지만, 이제는 그렇지 않습니다. 누구든지 그리스도 안에 있으면, 그는 새로운 피조물입니다. 옛것은 지나갔습니다. 보십시오, 새것이 되었습니다. 이 모든 것은 하나님에게서 났습니다. 하나님께서는 그리스도를 내세우셔서, 우리를 자기와 화해하게 하시고, 또 우리에게 화해의 직분을 맡겨 주셨습니다. 곧 하나님께서 사람들의 죄과를 따지지 않으시고, 화해의 말씀을 우리에게 맡겨 주심으로써, 세상을 그리스도 안에서 자기와 화해하게 하신 것입니다. 그러므로 우리는 그리스도의 사절입니다. 하나님께서는 우리를 시켜서 여러분에게 권고하십니다. 우리는 그리스도를 대리하여 간청합니다. 여러분은 하나님과 화해하십시오. 하나님께서는 죄를 모르시는 분에게 우리 대신으로 죄를 씌우셨습니다. 그것은 우리가 그리스도 안에서 하나님의 의가 되게 하시려는 것입니다(고후 5:16-21).

바울 사도는 그리스도를 마음에 모시고 살아가는 사람들을 가리켜 '새로운 피조물'이라고 말합니다. "누구든지 그리스도 안에 있으면, 그는 새로운 피조물입니다. 옛것은 지나갔습니다. 보십시오, 새것이 되었습니다"(17절). 새로운 피조물은 예수 그리스도를 통해 나타난 부활의 생명에 잇대어 살기로 굳게 작정한 이들을 일컫는 말입니다. 바로 그것이 '그리스도 안에' 있다는 말의 의미입니다. 새로운 피조물로 거듭난 이들은 사람들을 육신의 잣대, 곧 그가 가진 것 what they have이나 외적 조건 how they look을 보고 판단하지 않습니다. 돈이 많고, 학벌이 좋다고 해서 모두가 훌륭한 사람은 아닙니다. 하나님은 외모가 아니라 중심을 보신다 했습니다. 하나님의 꿈을 이루는 사람들은 세상의 잣대로 보면 보잘것없는 이들이 많았습니다. 이스라엘의 지도자였던 사무엘조차 다윗의 인물됨을 알아보지 못했고, 세상은 하나님의 아들을 알아보지 못했습니다.

집을 짓는 사람이 버린 돌이 집 모퉁이의 머릿돌이 되었다(막 12:10).

하나님께서는, 지혜 있는 자들을 부끄럽게 하시려고 세상의 어리석은 것들을 택하셨으며, 강한 것들을 부끄럽게 하시려고 세상의 약한 것들을 택하셨습니다(고전 1:27).

주님은 어부와 세리 같은 보잘것없는 이들의 가슴에 하나님 나라의 꿈을 새겨 넣어 그들로 하여금 새로운 세상의 문을 열어젖히게 하셨습니다. 그러기까지는 많은 시련과 연단의 과정이 있었습니다. 하지만 시련, 고통, 절망을 거쳐 성령에 충만한 사람이 되었을 때, 그들은 죽음조차 두려워하지 않는 얼의 사람이 되었습니다. 교회는 주님의 꿈을 가슴에 품은 사람들의 모임입니다. 교회에게 주어진 과제는 하나님이 보시며 "좋다" 할 수 있는 세상을 창조하는 것입니다. 그런 세상은 어떻게 오는 것일까요?

그리스도의 사절

바울 사도는 새로운 피조물인 성도들의 소명은 '화해'라고 말합니다. 화해는 분열을 전제로 합니다. 기독교는 하나님과 인간 사이의 분열을 죄라고 일컫습니다. 죄는 하나님으로부터 멀어진 것입니다. 우리가 겪는 모든 부정적인 인간 경험은 여기에서 비롯됩니다. 우리 마음속에서 하나님이 사라지는 순간, 이웃들을 향한 사랑의 불꽃은 사그라지게 마련입니다. 하나님은 성도들을 당신과 세상간의 화해를 위한 촉매로 삼으셨습니다. 하나님 혼자 힘으로는 하실 수 없는 일이 한 가지 있습니다. 사람의 마음속에 하나님을 받아들이도록 하는 것입니다. 하나님은 그것을 인간의 자발성에 맡기셨기 때문입니다. 누군가 하나님의 현존을 느끼게 해 주는 이들이 필요합니다.

요즘 들어 저는 '하나님의 형상'이라는 말이 우리가 수행해야 할 실존적 과제라는 생각을 하고 있습니다. 인간이 하나님의 형상이라는 말은, 눈에 보이지 않는 하나님의 존재를 인간이 드러내 보여 주고 상기시킨다는 말 아닐까요? 인도 캘커타에서 굶주림과 질병으로 죽어가는 사람들을 보았을 때 마더 테레사 수녀는 하나님의 존재를 의심하지 않았습니다. 다만 하나님의 사랑을 경험한 자기가 해야 할 일이 무엇인가를 물었습니다. 그리고 악조건 속에서 살아가는 이들에게 하나님의 현존을 경험하게 해 주는 사람이 되자고 결심했습니다.

어느 날 한 남자가 테레사 수녀가 운영하고 있던 영생의 집에 왔습니다. 그는 한마디 말도 없이 곧장 여성들이 머무는 구역으로 갔습니다. 그는 한 수녀 옆에 멈추어 섰습니다. 그 수녀는 구더기와 오물을 뒤집어쓰고 있는 여자 병자를 돌보고 있었습니다. 그는 그 수녀의 손과 얼굴과 눈을 보았습니다. 그는 그 수녀에게 일할 힘을 준 것은 바로 하나님의 사랑이었음을 단번에 알아차렸습니다. 그 남자는 테레사에게 돌아서서 이렇게 말했습니다.

저는 증오심으로 가득 차서 이곳에 왔지만, 지금은 제 마음 속에 하나님을 모시고 갑니다. 저는 마치 그리스도를 돌보듯이 병든 여자를 돌보는 그 수녀의 모습에서 하나님의 사랑을 보았습니다.[18]

테레사 수녀는 우리가 '가는 곳마다 그리스도의 생생한 현존'이 되어야 한다고 말합니다. 바울 사도는 성도들에게 '그리스도의 사절'이라는 영예스러운 호칭을 부여하고 있습니다. 그 사절이 해야 할 일은 분리의 장벽들을 허물고, 사람들이 친밀한 우정을 나누도록 돕는 것입니다.

산문 같은 현실 속에서

삶이란 갈등과 불화의 연속입니다. 이웃들은 우리들의 기쁨의 매개이기도 하지만 두려움과 공포의 뿌리이기도 합니다. 그런 가운데서도 화해의 사절로 살기 위해서는 어떻게 해야 할까요? 우리가 가장 먼저 해야 할 일은 다만 하루에 10분씩만이라도 하나님의 현존 속에 들어가, 그분의 부드럽고 사랑스런 음성에 귀를 기울이는 것입니다. 하나님께 마음을 모으고 앉아 있다 보면 어느 순간 하나님의 사랑이 우리를 감싸 안고 있음을 경험하게 됩니다. 그 사랑을 경험하는 사람은 지금까지 애집하고 있는 것들이 그렇게 중요한 것은 아니라는 사실을 조금씩 깨닫게 됩니다. 하나님의 현존 앞에 앉아 있는 시간이야말로 우리의 흐트러진 삶의 질서를 바로잡는 시간이고, 우리 인생의 무거운 짐들을 내려놓는 순간입니다. 돈과 명예와 권세라는 그릇된 속박에서만 벗어나도 우리 영혼은 한결 가벼워집니다.

하지만 거기에만 머물면 안 됩니다. 변화산에서 주님의 영광스러운 모습을 본 베드로는 그곳에 초막을 짓고 살자고 했지만 주님은 산 아래 마을로 내려가자고 하십니다. 하나님의 사랑을 체험하는 그 순간을 시적인 영감의 순간이라 한다면, 우리가 살아야 할 현실은 산문散文이라 할 것입니다. 아옹다옹, 옥신각신, 경쟁하고, 상처를 주고받고, 미워하고, 갈라서는 것이 우리네 인생의 풍경입니다. 성도는 그곳에 들어가 화해의 촉매가 되어야 합니다. 폭력이 난무하는 세상이지만 폭력에 동조하지 않을 뿐 아니라, 우정과 환대가 넘치는 정의의 새 세상을 이루기 위해 땀 흘려야 합니다.

지금 지구에는 65억이 조금 넘는 사람들이 살고 있습니다. 그중에 거의 절반에 육박하는 30억 가까운 사람들이 하루 2달러 이하의 생활비로 살아갑니다. 하루 1달러 이하의 비용으로 살아가는 사람들이 12억 명 정도인데, 세계은행은 그들을 가리켜 BOP(Bottom of Pyramid)라 합니다. 굶어 죽어 가는 사람들이 하루에 2만 5천 명이고, 10세 미만의 아이들이 5초에 한 명꼴로 굶어 죽고 있습니다. 세계 인구의 7분의 1에 해당하는 8억 5천만 명 이상이 심각한 영양실조 상태에 있는데, 그중 3천만 명이 부유한 나라 미국에 거주하고 있다 합니다. 물 부족으로 사망하는 사람의 수는 매년 1,200만 명 정도이고, 11억 명 이상의 사람들은 깨끗한 물을 사용하지 못하고 있습니다. 그들은 뿌옇거나 누렇게 오염된 물을 그대로 마십니다. 해마다 설사병으로 죽는 어린아이가 220만 명에 달하는데, 설사 환자의 40퍼센트 가량은 손을 깨끗이 씻을 수 없다고 합니다. 현재 지구 위에는 제대로 된 화장실 없이 사는 사람이 무려 40퍼센트에 이르고 있습니다.[19]

하나님의 통치를 위해

이런 현실에 눈을 감는다면 우리는 신앙인이라 할 수 없습니다. 인간답게 살아갈 수 있는 기본권조차 누리지 못하는 사람들은 무능하거나 게을러서 그렇게 된 것이 아닙니다. 돈이 주인 노릇하는 세상이 그들을 벼랑 끝으로 내몰고 있습니다. 그들에게는 그런 삶의 구조 속에서 벗어날 수 있는 디딤돌조차 없습니다. 그러나 조금만 도와주면 일어설 수 있는 사람들이 많습니다. 저는 기독교인의 삶이란 누군가의 '설 땅'이 되어 주는 것이라고 생각합니다. 주님은 스스로 십자가를 지심으로 우리의 설 땅이 되어 주셨습니다. 악에게 지지 않고 선으로 악을 이길 수 있는 길을 열어 주셨습니다.

비폭력은 고통 받는 인류를 위하여 행동하는 사랑입니다. 하나님의 사람들은 불의의 현실을 모른 체해서는 안 됩니다. 함께 모여 기도하고, 편지를 써서 부당한 처사에 항의하고, 어려운 이들과 연대함으로써 사람들 속에 있는 선한 열정을 불러 일으켜야 합니다. 수입의 한 부분을 그들을 위해 써야 합니다. 신학자이자 사제인 이냐시오 엘라쿠리아는 엘살바도르에 있는 예수회 대학교의 총장입니다. 그는 자기를 찾아온 평화 운동가들에게 자기 사역에 대해 이렇게 말했습니다.

이곳 엘살바도르에 예수회 대학교가 있는 목적은 하나님의 통치가 이루어지도록 하는 데 있습니다. 하나님의 통치를 이루는 것은 평화와 정의를 위해서 일하는 것입니다. 그러나 전쟁과 불의에 공적으로 항거하지 않고서는 평화와 자유가 세상을 다스리는 하나님의 통치를 주장할 수 없습니다.[20]

그의 말을 듣고 있던 이들은 말문이 막혔습니다. 하나님을 믿는 사람으로 살아간다는 것을 이처럼 명료하게 표현할 수 있을까요? 많은 사람들은 지금의 현실이 불의하다는 데 동의합니다. 하지만 아무 일도 하지 않습니다. 우리가 할 수 있는 일이 아무 것도 없다는 숙명론에 사로잡혀 있기 때문입니다. 하지만 우리가 공개적으로 악에 저항하지 않는다면 어려운 이들의 삶을 황폐하게 만드는 악의 구조에 동조하는 게 됩니다. 악에 협력하지 않는 것, 바로 이것이 성도들의 삶이어야 합니다.

신앙인은 함께 만들어 가야 할 세상에 대한 꿈을 공유하고, 그 꿈을 이루기 위해 땀 흘리기를 주저하지 않는 사람들입니다. 불의를 준엄하게 꾸짖고, 인간의 기본권을 박탈하는 모든 억압에 대해 항거하는 예언자들은 물론 필요합니다. 하지만 그들 이상으로 필요한 것은 스스로 불쏘시개가 되어 사람들 속에서 선의 불을 지피는 이들입니다. 엘라쿠리아의 말대로 우리가 이곳에 있는 까닭은 '하나님의 통치'가 이루어지도록 하기 위해서임을, 하나님이 보시기에 '좋은' 세상을 만들기 위해서임을 잊지 마십시오. 눈물과 아픔이 가시지 않는 세상에서, 하나님의 현존을 삶으로 증언하고 스스로 화해의 실천자가 되어 살아가는 것, 그것이 역사가 그리고 하나님이 우리에게 부여하신 가슴 벅찬 소명입니다. 이 소명에 응답하는 우리가 되기를 기원합니다.

청년 정신

높고 청명한 하늘을 보면 마음도 따라 맑아집니다. 그러나 땅의 현실에 눈을 돌리면 낯이 절로 찌푸려집니다. 최근 각 교단의 총회 결의 내용들을 살펴보면, 한국 개신교회가 매우 퇴행적이라는 사실을 만천하에 드러내고 있는 것은 아닌가 하는 생각을 갖게 됩니다. 마치 기독교와 문명의 사활이 동성애를 척결하는 일에 걸린 것처럼 호들갑을 떨고 있습니다. 동성애자와 그 지지자는 장로, 권사, 집사와 같은 직분을 맡을 수 없고, 신학교 입학을 불허하고, 세례도 줄 수 없다고 결정한 교단도 있습니다. 신학교 교수들이 특정 교리를 문자 그대로 믿는지 일일이 검증하자는 제안도 나왔습니다. 신학을 교권 아래 종속시키려는 시도가 꾸준히 자행되고 있는 것입니다. 다양한 목소리가 용인되지 않습니다. 하나님의 뜻을 교리적 언어 속에 담아 박제하려는 시도가 힘을 얻고 있습니다. 이렇듯 오직 하나의 목소리만 허용되면 교회는 진리의 무덤이 될 것입니다. 바벨탑을 쌓는 어리석음이 지금 이 땅에서 벌어지고 있습니다.

성경적이지 않다는 이유로 여성 안수에 대해서는 여전히 거부

감을 드러내면서, 주일학교 인원이 줄고 있는 현실에서 교인들에게 출산을 독려해야 한다는 권고안이 나왔습니다. 어느 교단에서는 요가와 마술을 금지하는 결정을 하기도 했습니다. 그것이 다른 종교 혹은 속임수에 기초한 것이기 때문이랍니다. 그러자 속임수를 사용하는 야구도 금지하고, 축구의 속임수 동작도 제한해야 한다는 조롱조의 말들까지 돌고 있습니다. 이혼 후 재혼은 간음이라고 규정한 교단도 있습니다. 신학교 교수들이 1년의 연구 끝에 내린 결론이라 합니다. 지금 우리는 어쩌면 중세 이전으로 돌아가고 있는지도 모른다는 생각이 듭니다.

우리가 믿는 하나님, 우리가 믿는 예수님이 정말 이런 결정들을 보고 기뻐하실까요? 사회는 빠르게 변화하고 있는데, 교회는 오히려 퇴행하고 있으니 한심스럽기 짝이 없습니다. 믿음을 지킨다는 명분으로 그들이 지키고 싶은 것이, 실은 자기들의 종교적 기득권이 아닌지 모르겠습니다. 세상이 인위적으로 만들어 놓은 온갖 장벽들을 철폐하여 모두가 소통하는 세상을 연 것이 예수님의 삶인데, 그분의 몸이 되어야 할 교회는 오히려 수많은 장벽을 쌓아 올리고 있습니다. 자기 배반이 아닐 수 없습니다.

청년의 종교

저는 청년 정신의 핵심이 '불온함'이라고 생각합니다. 세상이 만들어 놓은 기준에 이의를 제기하고, 자기 나름의 삶의 문법을 만드는 사람들, 기성세대의 눈으로 보면 그들은 불온하고 불안해 보입니다. 하지만 불온하지 않은 젊음처럼 슬픈 것 또한 없습니다. 잘못된 것에 대해 "아니요"라고 말하고, 하나님의 뜻에 대해 "예"라고 말하는 것이야말로 청년 정신입니다. 일제 강점기에 잡지 〈성서조선〉을 창간하여 죽어 가는 혼들을 깨웠던 김교신 선생은 기독교를 '청년의 종교'라고 단언합니다.

> 이해利害에 담박하고 정의正義에 용약勇躍함은 이것이 청년의 넋이요, 인습을 물리치고 진리眞理에 취就하며 허위를 깨뜨리고 실질實質을 취하려 함은 청년靑年의 의기意氣요, 과거의 경험 속에 지구脂垢로써 신경神經을 은폐치 않고 예기발랄銳氣潑剌한 감수성感受性으로 진위허실眞僞虛實을 판별하는 것이 청년기靑年期의 본능이 아닌가.[21]

김교신 선생은 우리가 참으로 기독교 신자라면 비록 고희古稀를 넘었을지라도 오히려 청년일 것이라면서, 믿음의 사람이라면 바울 사도의 말처럼 '오직 이 한 일만을 즉 뒤에 있는 것을 잊어버리고, 앞에 있는 것을 잡으려고 푯대를 향하여 달음질'하는 야심만만한 인생의 선수일 것이라고 말합니다. 가슴 뛰는 도전입니다.

하지만 어느 때부터인지 청년들에 대해 말하는 것이 조심스러워졌습니다. 오늘의 젊은이들은 역사상 처음으로 부모 세대보다 더 나은 삶을 살 가능성이 줄어든 세대라고 합니다. 무지갯빛 미래는 젊은이들에게 허용되지 않는 것 같습니다. 미래에 대한 예측 가능성은 줄어들었고, 불안감은 점점 커지고 있습니다. 게다가 평준화된 욕망으로 인해 하고 싶은 일, 갖고 싶은 것들은 점점 늘어납니다. 현실과 욕망 사이의 거리가 점점 벌어지면서, 아득한 절망감에 사로잡히기도 합니다. '흙수저'로 태어난 이들의 비애가 깊습니다.

하지만 누군가를 원망하고 투덜댄다고 해서 세상이 달라지지는 않습니다. 지금 세계를 테러의 공포 속에 몰아넣고 있는 이슬람 스테이트(IS)에 많은 젊은이들이 몰리는 까닭이 무엇일까요? 학자들은 현실 속에서 자기 자리를 찾지 못한 이들, 소속감을 잃어버린 사람들이 이 썩어 빠진 세상을 갈아엎고 새로운 세상을 열어야 한다는 IS의 선전에 현혹되고 있다고 말합니다. 새로운 세상을 여는 거룩한 대의에 자신들을 바친다고 생각한다는 것입니다.

문제는 그들이 세상을 선과 악, 흑과 백으로 무리하게 나눈다는 데 있습니다. 세상은 그렇게 단순하지 않습니다. 그렇기에 주님은 '밀과 가라지 비유'에서 밀밭에 자라는 가라지를 뽑겠다고 나서는 일꾼들을 만류하셨습니다. 악을 용인하라는 말이 아니라, 악을 뿌리 뽑겠다는 열정이 다른 선함까지 훼손해서는 안 된다고 가르치신 것입니다. 좋은 세상은 폭력적 방식으로 일거에 오지 않습니다. 더디더라도 꾸준히 선을 지향하는 용기와 인내가 필요합니다. 지향점을 잃지 않으면서도 악과 지속적으로 싸우기 위해서는 우리 속에 하나님의 거룩한 영이 머물러야 합니다.

소금과 빛이 되라는 소명

우리가 즐겨 읽는 마태복음의 산상수훈에는 다음과 같은 말씀이 있습니다.

너희는 세상의 소금이다. 소금이 짠 맛을 잃으면, 무엇으로 그 짠 맛을 되찾게 하겠느냐? 짠 맛을 잃은 소금은 아무 데도 쓸 데가 없으므로, 바깥에 내버려서 사람들이 짓밟을 뿐이다. 너희는 세상의 빛이다. 산 위에 세운 마을은 숨길 수 없다. 또 사람이 등불을 켜서 말 아래에다 내려놓지 아니하고, 등경 위에다 놓아둔다. 그래야 등불이 집 안에 있는 모든 사람에게 환히 비친다. 이와 같이, 너희 빛을 사람에게 비추어서, 그들이 너희의 착한 행실을 보고, 하늘에 계신 너희 아버지께 영광을 돌리게 하여라(마 5:13-16).

예수님은 제자들을 향해 "너희는 세상의 소금이다", "너희는 세상의 빛이다"라고 선언하셨습니다. 여기서 눈여겨보아야 할 것이 있습니다. 주님은 "너희는 세상의 소금이 되어야 한다" 혹은 "빛이 되어야 한다"라고 말씀하지 않으셨습니다. "너희는 세상의 소금이다. 그리고 빛이다"라고 단언하고 계십니다. 물론 두 표현의 의미가 다른 것은 아닙니다. 신학에서는 이것을 직설법 indicative 속에 명령법 imperative이 들어 있다고 말합니다. '~이다' 속에는 이미 '~이 되라'는 뜻이 내포되어 있습니다.

"너희는 세상의 소금이다." 무슨 뜻일까요? 이 말은 소금이 짠맛을 잃으면 아무 데도 쓸 데가 없어 바깥에 내버려져서 사람들에게 짓밟힐 것이라는 다음 구절과 연결해 보아야 합니다. 소금의 소금다움은 결국 짠맛에 있습니다. 이 대목에서 사람들은 습관처럼 소금의 방부제 역할, 맛을 내는 역할에 주목합니다. 하지만 '너희는 세상의 소금'이라는 말씀 속에서 우리는 소금이야말로 기독교인의 존재 혹은 정체성의 핵심이라는 것을 알아채야 합니다.

예수를 믿는 사람들의 정체성의 핵심은 무엇일까요? 이것은 본문 바로 앞에 있는 팔복의 말씀과 연결시켜 보아야 합니다. 주님은 마음이 가난한 사람, 슬퍼하는 사람, 온유한 사람, 의에 주리고 목마른 사람, 자비한 사람, 마음이 깨끗한 사람, 평화를 이루는 사람, 의를 위하여 박해를 받은 사람이 복이 있다 하셨습니다. 마지막 대목이 특히 중요합니다. 예수를 따라 사는 이들은 박해를 받으면서도 그 길에서 벗어나지 않는 사람들입니다. 시련 속에서도 단호하고 꿋꿋하게 자기 정체성을 지켜 내는 사람, 바로 그 사람이 세상의 소금입니다.

오늘 우리는 어떻습니까? 하나님 나라에 동참하는 사람답게 살고 있습니까? 어느 분이 자조적으로 하는 말이 참 가슴 아프게 다가왔습니다. "한국 교회는 소금이 아니라 맛소금으로 변질되었다." MSG를 듬뿍 쳐서 사람들에게 용인될 만한 종교가 되었다는 말입니다. 성공에 대한 욕망을 부추기고, 값싼 위로를 전하고, 정의와 무관한 사랑을 전하고, 특정한 사람들에 대한 혐오와 배제를 통해 자기를 지키려는 것이 과연 예수 정신에 부합하는 것일까요? 적어도 제가 아는 그리고 제가 믿는 예수님은 그런 분이 아닙니다.

"너희는 세상의 빛이다." 저는 이 말씀을 묵상하다가 가슴이 울컥해졌습니다. 아무리 생각해 보아도 오늘의 교회 현실은 이 선언에 값하지 못하는 것 같았기 때문입니다. 오히려 어둠과 혼돈과 공허를 빚어내고 있는 게 아닌가 싶었습니다. 빛이 가리키는 것은 성도들의 '착한 행실'(16절)입니다. 그 착한 행실은 다름 아닌 평화를 이루는 삶이라 하겠습니다. 누가 평화를 이룰 수 있습니까? 나의 생명이 하나님의 선물임을 깨닫는 사람, 사랑받고 있음을 느끼는 사람, 자신을 이웃들에게 선물로 내줄 줄 아는 사람, 불의에 대해 단호히 "아니오"라고 말하는 사람, 세상 도처에서 나타나는 생명의 징조를 보며 기뻐하는 사람이 아닐까요? 이런 이들을 만나고 나면 답답했던 가슴이 시원해집니다.

반딧불이를 보신 적이 있는지요? 지난여름 어느 캄캄한 밤, 인적이 끊긴 강가에 서 있는 나무들 주위에서 마치 크리스마스 전구처럼 반짝이는 수많은 반딧불이들을 보았습니다. 경이로운 광경이었습니다. 말로 표현할 수 없는 아련한 감동이 가슴 깊은 곳으로 스며들었습니다. 카메라에도 잡히지 않는 반딧불이들이, 긴 역사의 어둠에 지친 제 영혼에 희망은 죽지 않는다는 사실을 일깨워 주는 듯했습니다. 희미하지만 어둠 속에서 빛을 발하는 반딧불이 같은 이들이 많아질 때 어둠의 지배력은 줄어들 것입니다. 큰일을 해야 한다는 강박관념에서 벗어나십시오. 지금 내가 서 있는 자리만이라도 비추기 위해 인간의 등불 하나 밝혀 드십시오.

어리석어 보이는 십자가를 붙들고

억지로는 안 됩니다. 우리 속에 주님이 들어오셔야 합니다. 주님의 마음이 우리 속에 자리 잡을 때 우리는 저절로 평화의 빛을 발할 수 있습니다. 날마다 우리 마음을 온통 채우고 있는 이런저런 염려와 근심, 원망과 질투, 오만과 적대감과 작별하십시오. 우리들의 약함 속으로 화육하여 들어오신 주님의 눈으로 세상을 바라보십시오. "나는 복음을 부끄러워하지 않습니다." 바울 사도가 로마서 1장 16절에서 한 이 말 한마디 속에 바울 사도의 생의 비밀이 담겨 있습니다. 복음의 핵심은 십자가입니다. 바울은 "십자가의 말씀이 멸망할 자들에게는 어리석은 것이지만, 구원을 받는 사람인 우리에게는 하나님의 능력"(고전 1:18)이라고 말했습니다. 어리석어 보이는 십자가의 복음이야말로 모든 믿는 자들을 구원하는 하나님의 능력입니다. 다들 너무 영악해졌습니다. 손익 계산에 재빠릅니다. 하지만 하나님을 믿는 이들은 우직하게 십자가를 짊어져야 합니다. 그 십자가를 든든히 붙들 때 우리는 비로소 소금이고 빛입니다.

이와 같이, 너희 빛을 사람에게 비추어서, 그들이 너희의 착한 행실을 보고, 하늘에 계신 너희 아버지께 영광을 돌리게 하여라(마 5:16).

지금 우리가 사는 모습을 보고 사람들이 하늘 아버지께 영광을 돌리게 하는 것, 바로 그것이 믿는 이들의 목표가 되어야 합니다. 가끔은 힘들고 외로울 수 있습니다. 하지만 저만치 어딘가에서 자기 몫의 빛을 발하는 이들이 있다는 사실을 잊지 마십시오. 별 하나는 외롭지만, 별들이 이루는 성좌는 찬란합니다. 오늘 우리가 낙심하지 않고 이 역사의 어둠과 맞설 용기를 내는 것은, 세상 도처에 하나님이 숨겨 두신 일꾼들이 있음을 믿기 때문입니다. 앞서 소개했던 김교신 선생이 러일전쟁 30주년 좌담회 속기록을 본 후에 쓴 글이 있습니다. 거기 나오는 한 구절이 제게 깊은 여운으로 남아 있습니다. 그는 하나님 앞에 서는 날을 상정하여 말합니다.

나는 그리스도를 위하여 어느 참호塹壕의 한 덩이 흙을 팠으며, 주主를 위하여 어디에 상처傷處를 받았으며, 천국天國을 위하여 무슨 손해損害를 받았다고 보고할까. 오히려 그리스도의 명의名義를 이용하여 취직운동就職運動을 유리하게 한 일은 없었던가? 신학교神學校 졸업卒業이란 조건으로써 도회지都會地에 고급高級으로 취임就任된 일은 없었던가?[22]

오늘의 기독교는 늙어 버렸습니다. 아름답게 늙은 것이 아니라 추하게 늙고 있습니다. '청년 정신'을 회복해야 합니다. 김교신 선생은, 믿음의 삶이란 주님의 뜻을 이루기 위해 스스로 손해를 감수하는 것임을 넌지시 일깨워 줍니다. 치열하게 살았음에도 불구하고, 그는 장차 천국에서 열릴 좌담회를 떠올리며 방성대곡하지 않을 수 없었다고 글을 맺고 있습니다. 그 부끄러움이 우리에게는 없습니다. 건강하고 씩씩한 청년 정신을 품은 신자들이 없어 세상이 어둡습니다. 그래서 주님이 지금 외로우십니다. 주님을 외롭게 하지 말아야 합니다. 지금 할 수 있는 작은 일이라도 시작하십시오. 도처에서 참 사람의 등불이 타오를 때 역사의 새벽은 다가올 것입니다. 주님의 은총이 새벽을 깨우려는 모든 이들의 삶에 임하시기를 바랍니다.

열린 식탁

주님의 은총과 평화가 우리 가운데, 그리고 세계성찬주일을 맞은 전 세계의 그리스도인들과 찢기고 상처 입은 세계와도 함께하시기를 빕니다. 물 대포에 맞아 사경을 헤매다가 하나님 품으로 옮겨가신 농민 백남기 님과 그의 죽음을 애도하는 모든 이들, 시리아의 알레포에서 무고하게 죽어간 어린이들과도 함께하시기를 빕니다. 세상은 이리도 어지럽건만 계절은 어김이 없습니다. 추분을 지나 한로를 향해 가면서 날이 조금씩 선득해지고 있습니다. 나뭇잎이 조금씩 노랗게 혹은 붉게 물들어가는 것처럼 우리 마음에도 인간다운 품격이 깃들었으면 좋겠습니다. 성마른 사람들의 새된 목소리가 도처에서 들려옵니다. 눈과 귀를 닫고 산다면 모를까 지금 이 땅에서 벌어지는 일들이 우리를 우울하게 만듭니다. 참 사람이 더욱 그리운 것은 그 때문입니다.

함석헌 선생님의 〈얼굴〉이라는 시의 몇 구절이 자꾸 떠오르는 나날입니다.

그 얼굴만 보면 세상을 잊고,
그 얼굴만 보면 나를 잊고,
시간이 오는지 가는지 모르고,
밥을 먹었는지 아니 먹었는지 모르는 얼굴,
그 얼굴만 대하면 키가 하늘에 닿는 듯하고,
그 얼굴만 대하면 가슴이 큰 바다 같애,
남을 위해 주고 싶은 맘 파도처럼 일어나고,
가슴이 그저 시원한,
그저 마주앉아 바라만 보고 싶은,
참 아름다운 얼굴은 없단 말이냐?

함 선생님은 예수의 모습에서 참 사람의 모습, 참 아름다운 얼굴을 찾아냅니다. 새벽처럼 빛나던 얼굴, 이슬 머금은 백합같이 향기 맑던 얼굴, 풍랑이 이는 바다 위에서 태산처럼 누워 평안히 잠자던 얼굴, 채찍 들어 소리치고 도둑 무리 내몰면서 아버지 집 내놓으라고 진노하던 얼굴, 어둠의 권세 앞에서 가시관 쓰고도 바람 잔 저녁 바다인 듯 잠잠하던 얼굴, 부활의 얼굴 말입니다. 오늘 우리의 얼굴은 어떠한지요?

예수님은 누구에게나 호감을 불러일으키는 두루 원만한 분이 아니셨습니다. 약자들에게는 한없이 다정한 분이셨지만, 권력에 중독된 채 살아가는 이들에게는 호락호락하지 않은 불편한 존재였습니다. 예수님은 잘 길들여지지 않는 분, 요즘 말로 하자면 사회성 혹은 융통성이 부족한 분이었습니다. 적당히 사람들의 눈치를 보면서 그들의 비위를 맞추는 일에는 영 서툰 분이었다는 말입니다.

마태복음 9장은 당시의 유력자들과 대립하는 주님의 모습을 보여 줍니다. 1절부터 8절까지에는 율법학자들과의 갈등이 나타납니다. 주님은 사람들이 데려온 중풍병자를 향해 "기운을 내라, 아이야. 네 죄가 용서받았다"고 말씀하셨습니다.

율법학자들은 즉시 그것을 하나님에 대한 모독으로 여겼습니다. 용서하는 권한은 오직 하나님께만 귀속된다고 믿었기 때문입니다. 그들에게 중요한 것은 한 생명의 화복이 아니라 자기들의 신학을 고수하는 것이었습니다.

14절부터 17절까지는 금식을 하지 않는 예수와 제자들에게 시비조로 말을 걸어온 세례자 요한의 제자들과의 갈등이 전개됩니다. 그들은 예수와 그의 제자들을 경건한 사람으로 인정할 수 없었습니다. 경건한 사람은 기도, 금식, 구제에 힘써야 합니다. 하지만 먹고 마시는 일에 열중하는 것처럼 보이는 예수와 그 제자들은 경건과는 거리가 먼 사람들로 보였습니다. 주님은 "혼인 잔치의 손님들이 신랑이 자기들과 함께 있는 동안에 슬퍼할 수 있느냐?"(마 9:15)고 말씀하심으로 그들이 빠져 있던 형식주의의 완고함을 넌지시 드러내셨습니다.

세리 마태를 부르심

마태복음 9장 9절부터 13절은 세리 마태를 부르신 후에 벌어진 갈등을 보여 줍니다.

예수께서 거기에서 떠나서 길을 가시다가, 마태라는 사람이 세관에 앉아 있는 것을 보시고 말씀하셨다. "나를 따라오너라." 그는 일어나서, 예수를 따라갔다. 예수께서 집에서 음식을 드시는데, 많은 세리와 죄인이 와서, 예수와 그 제자들과 자리를 같이 하였다. 바리새파 사람들이 이것을 보고, 예수의 제자들에게 말하였다. "어찌하여 당신네 선생은 세리와 죄인과 어울려서 음식을 드시오?" 예수께서 그 말을 들으시고서 말씀하셨다. "건강한 사람에게는 의사가 필요하지 않으나, 병든 사람에게는 필요하다. 너희는 가서 '내가 바라는 것은 자비요, 희생제물이 아니다' 하신 말씀이 무슨 뜻인지 배워라. 나는 의인을 부르러 온 것이 아니라, 죄인을 부르러 왔다(마 9:9-13).

주님은 길을 가시다가 세관에 앉아 있는 마태를 보시고는 "나를 따라오너라" 이르셨습니다. 아시다시피 로마제국의 하청을 받아 세금 걷는 일을 대행하고 있던 세리들은 사람들의 증오의 표적이었습니다. 그들은 제국이 할당한 세금 외에도 자기 몫을 챙기기 위해 주민들에게 과중한 세금을 부과하곤 했습니다. 공권력을 등에 업은 그들을 함부로 대할 수는 없었지만 사람들은 그들을 수치와 혐오의 대상으로 바라보았습니다. '수전노, 반역자, 악질…' 환청처럼 그런 비웃음이 들렸는지도 모르겠습니다. 고립감은 그들을 더욱 돈에 집착하게 만들었을 것이고, 돈에 집착하면 집착할수록 공허감 또한 깊어 갔을 것입니다.

하지만 모든 세리를 그저 악인으로 취급해서는 안 됩니다. 어떻게든 그 자리를 차지하기 위해 아등바등 애쓴 이들도 있겠지만, 더는 어떻게 해 볼 수 없는 형편에 몰려 그 자리를 선택한 이들도 있었을 것입니다. 한나 아렌트라는 정치철학자는 "다른 이들의 삶을 상상하지 못하는 무능함 혹은 멍청함"이 악의 뿌리라고 말했습니다. 인류 역사에서 대량 학살을 자행했거나 사주한 이들이 그러합니다. 권력의 눈치만 보는 이들에게는 지금 거리에서 눈물을 흘리고 있는 이들이 보이지 않는 법입니다. 지혜로운 이들은 선악의 잣대만으로 어떤 사람을 평가할 수 없다는 사실을 잘 압니다.

주님이 "나를 따라오너라" 했을 때 마태가 황금알을 낳는 거위와 다를 바 없었던 세관을 박차고 나올 수 있었던 것은, 새로운 삶에 대한 그리움이 그의 내면에서 오랫동안 자라고 있었기 때문일 것입니다. 누군가가 나를 있는 그대로 받아들여 준다는 사실을 알아차리는 순간, 우리를 냉혹한 인간으로 만들었던 비인간적인 차가움은 스러집니다. 제아무리 악독한 사람이라 해도 누군가의 가슴에 기대어 울고 싶은 때가 있습니다. 사람들 앞에서는 애써 숨겨 왔지만 자기 속에서 자라고 있던 두려움과 연약함을 다 드러내 놓고 엉엉 울고 싶은 순간 말입니다.

어떠한 정죄도 없이 그를 용납해 줄 품을 만나면 그는 새로운 존재가 될 가능성이 많습니다. 마태는 예수의 눈길을 통해 자기 안의 상처와 아픔이 녹아내리고 있음을 느꼈을 것입니다.

그의 집에서 벌어진 잔치는 그런 기쁨이 빚어낸 축제입니다. 주님은 마태의 초대에 기꺼이 응하셨습니다. 사람들의 차가운 눈길을 의식했다면 세리의 집에 들어가실 수 없었을 것입니다. 하지만 주님은 당신에 대한 사람들의 오해를 두려워하지 않으셨습니다. 참 사람으로 회복되고 있는 한 존재가 너무도 소중했기 때문입니다. 많은 세리와 죄인이 와서 자리를 같이 하였습니다. 적어도 그 자리에서는 사람과 사람 사이를 가르는 문화적, 종교적, 사회적 편견이 무너지고 있었습니다. 인위적인 타격에 의해서가 아니라 저절로 사람을 가르는 벽이 무너질 때 찾아오는 것이 기쁨입니다. 그들은 적어도 그 자리에서만은 죄인과 세리가 아니라 벌거벗은 인간이었습니다.

편견에 갇힌 사람들

그러나 모두가 기뻐했던 것은 아닙니다. 자기 세계에 갇힌 채 밖으로는 한 걸음도 나오지 못하는 이들도 있었습니다. 바리새파 사람들 말입니다. 그들은 주님의 제자들에게 싸늘하게 말했습니다. "어찌하여 당신네 선생은 세리와 죄인과 어울려서 음식을 드시오?"(마

9:11) 그들은 예수를 인정하고 싶지 않았습니다. 그가 경건한 사람이라면 세리와 죄인과 어울려서 음식을 먹지는 않았을 거라는 말이지요. 그들은 어디에 있었던 것일까요? 집 안에 들어와 있었던 것일까요? 집 밖에서 지켜보고 있었던 것일까요? 알 수는 없지만 예수의 행태를 못마땅해 하는 그들의 마음은 절로 짚어집니다.

    그들의 사고는 경직되어 있습니다. 익숙한 세계에만 머물 때 새로운 구원의 사건이 일어날 가능성은 거의 없습니다. 새가 알을 깨고 나와야 하는 것처럼 우리는 가끔 알을 깨는 고통을 능동적으로 받아들여야 합니다. 율법과 전통을 철저하게 준수한다는 바리새파 사람들의 자부심이야말로 그들을 가두는 철창이었습니다. 그들은 예수와 더불어 시작되는 하나님의 새로운 구원 이야기에 마음을 열 수 없었습니다. 낯설었기 때문입니다. 어느 사회에서든 낯선 것은 대개 위험한 것으로 취급됩니다. 그냥 낯선 것은 용납할 수 있지만, 자기들의 안일한 일상을 깨뜨리는 낯섦은 용납할 수 없는 법입니다. 예수가 바로 그러한 존재였습니다. 주님은 바리새파 사람들의 질문에 삼중적으로 답하십니다.

    "건강한 사람에게는 의사가 필요하지 않으나, 병든 사람에게는 필요하다."

    "'내가 바라는 것은 자비요, 희생제물이 아니다' 하신 말씀이 무슨 뜻인지 배워라."

    "나는 의인을 부르러 온 것이 아니라, 죄인을 부르러 왔다."

스스로 건강하다, 의롭다 하는 이들은 언제나 다른 이들과 자기들의 차별성을 강조하려 합니다. 그들은 자기들의 의로움을 드러내기 위해서라도 죄인과 세리가 필요합니다. 그들은 언제나 비웃고 정죄할 이들을 창조합니다. 어찌 보면 가련한 사람들입니다. 그렇다고 하여 '죄인과 세리'는 좋은 사람들이고, 바리새파는 위선적이라고 말하는 것은 아닙니다. 사실 바리새파 사람들처럼 철저하게 사는 이들이 어디에 있겠습니까? 그들의 문제는 낯선 사람들을 맞아들일 만한 품이 없다는 점이었습니다. 지금 주님은 버림받은 자의 모습으로, 멸시당하고 외면당하는 자의 모습으로 오고 계신지도 모릅니다.

성찬은 예수 그리스도의 살과 피를 먹고 마시는 일에 동참하는 것입니다. 성찬의 식탁은 분열된 온 인류를 한 가족으로 부르시는 하나님의 자비의 상징입니다. 세상에서 가장 작은 자 하나와 자신을 동일시하셨던 예수 그리스도를 우리 속에 모셔 들일 때 우리는 생명과 평화를 지향하는 사람으로 거듭날 것입니다. 모두에게 열려 있는 식탁에 나아옴으로 하나 됨의 기쁨을 한껏 누릴 수 있기를 빕니다.

4부

온유하고 겸손하게

진실한 말

대림절 둘째 주일은 우리나라 절기로 대설大雪입니다. 가난한 옛 농부들의 마음이 스산해지는 때입니다. 늦가을에 거둬들인 벼 가운데 몇 섬은 팔고, 세금 내고, 땅 주인에게 도지賭地 내고, 제사에 쓸 것 여퉈 두고, 이듬해 봄에 씨앗으로 쓸 것 떼어 놓고 나면 남는 것이 얼마 없었습니다. "엄부렁하던 것이 이제는 남는 것이 아주 없다." 좀 쓸쓸하지요? 그래도 농부들은 다가오는 봄을 내다보며 마음을 다잡곤 했습니다. 낮이 점점 짧아지고 밤이 길어지고 있습니다. 세상 또한 그러합니다. 저 차가운 베링해에 수장된 이들을 생각하면 화가 납니다. 큰 사고가 나면 그때만 여론이 들끓고 정치인들이 긴장할 뿐, 얼마 지나지 않아 똑같은 일이 다반사로 일어납니다. 다시는 이런 일이 일어나지 않도록 하겠다는 말은 우리가 지겹도록 들어온 말입니다.

말 잘하는 사람은 많습니다. 그런데 진실한 말을 듣기 어렵습니다. 이게 우리의 비극입니다. 이제 우리는 어떤 사람이 무슨 말을 하더라도 곧이곧대로 듣질 않습니다. 이면의 동기를 먼저 헤아립니다.

그가 어느 입장에 서서 말하는 사람인지를 먼저 생각합니다. 나와 서 있는 자리가 다르면 그가 무슨 말을 해도 받아들이려 하지 않습니다. 불신이라는 음습한 기운이 우리 사이를 떠돌고 있습니다. 말에 대한 신뢰는 한 사회의 토대입니다. 지금 우리 사회는 그 토대가 무너지고 있습니다.

말을 다시 세워야 할 때입니다. 우리는 하나님이 말씀으로 세상을 창조하셨다고 고백합니다. 요한복음은 '태초에 말씀이 계셨다'고 말합니다. 더 나아가 "그 '말씀'은 하나님과 함께 계셨다. 그 '말씀'은 하나님이셨다"라고 선언합니다.

요한은 그 말씀이 육신이 되어 우리 가운데 사셨다고 말합니다. 말씀이 육신이 되었다는 말은 매우 신비하게 들립니다. 하지만 이 말은 이해하기 어려운 말이 아닙니다. 말이 씨가 된다는 격언이 있습니다만, 인간은 말로 세상을 창조합니다. 매를 맞고 싶거든 길거리에 나가서 아무에게나 욕을 해 보십시오. 구하는 것을 얻을 수 있을 겁니다. 웃는 낯을 보고 싶거든 사람들을 환대하고 칭찬의 말을 해 보십시오. 말로 천 냥 빚 갚는다는 말이 괜히 나온 게 아닙니다. 말은 사건을 일으킵니다.

그런데 지금 우리에게 절실히 필요한 말은 남을 설득하는 말, 화려한 말이 아니라 진실한 말입니다. 진실한 말을 회복하려면 어떻게 해야 할까요? 말씀을 통해 답을 찾아보겠습니다.

바람 부는 대로

그러나 예수의 형제들이 명절을 지키러 올라간 뒤에, 예수께서도 아무도 모르게 올라가셨다. 명절에 유대 사람들이 예수를 찾으면서 물었다. "그 사람이 어디에 있소?" 무리 가운데서는 예수를 두고 말들이 많았다. 더러는 그를 좋은 사람이라고 말하고, 더러는 무리를 미혹하는 사람이라고 말하였다. 그러나 유대 사람들이 무서워서, 예수에 대하여 드러내 놓고 말하는 사람은 아무도 없었다. 명절이 중간에 접어들었을 즈음에, 예수께서 성전에 올라가서 가르치셨다. 유대 사람들이 놀라서 말하였다. "이 사람은 배우지도 않았는데, 어떻게 저런 학식을 갖추었을까?" 예수께서 그들에게 대답하셨다. "나의 가르침은 내 것이 아니라, 나를 보내신 분의 것이다. 하나님의 뜻을 따르려는 사람은 누구든지, 이 가르침이 하나님에게서 난 것인지, 내가 내 마음대로 말하는 것인지를 알 것이다. 자기 마음대로 말하는 사람은 자기의 영광을 구하지만, 자기를 보내신 분의 영광을 구하는 사람은 진실하며, 그 사람 속에는 불의가 없다(요 7:10-18).

이 이야기는 "그러나 예수의 형제들이 명절을 지키러 올라간 뒤에, 예수께서는 아무도 모르게 올라가셨다"는 말로 시작합니다. 이 구절에 담긴 긴장감을 느끼려면 이런 서술이 나온 맥락을 살펴야 합니다. 이스라엘 사람들이 지키는 삼대 순례절기 가운데 하나인 초막절이 다가왔을 때 형제들이 주님을 찾아왔습니다. 그들은 형님께서 세상에 몸을 드러내실 때가 되었다고 말합니다.

형님은 여기에서 떠나 유대로 가셔서, 거기에 있는 형님의 제자들도 형님이 하는 일을 보게 하십시오. 알려지기를 바라면서 숨어서 일하는 사람은 없습니다. 형님이 이런 일을 하는 바에는, 자기를 세상에 드러내십시오(요 7:3-4).

이 구절에는 몇 가지 정보가 담겨 있습니다. 예수의 형제들이 예수의 사역에 대해 그렇게 부정적인 입장을 보이지 않는다는 것과, 유대 땅에도 예수를 따르는 이들이 있다는 것입니다. 하지만 형제들이 한 가지 오해한 것이 있습니다. 그들은 예수의 사역이 자기를 드러내기 위한 것이라고 생각했습니다. 병자들을 고쳐 주고, 귀신을 내쫓고, 사람들에게 정겹게 다가선 것은, 결국은 자기를 드러내기 위한 것이 아니냐는 것이었습니다. 그러니 갈릴리라는 변방에 머물 것이 아니라 예루살렘이라는 중심 무대로 진출하라는 것이었습니다. 주님은 아직은 때가 이르지 않았다면서 이번 명절에는 올라가지 않겠노라고 단호하게 말씀하셨습니다. 그러나 모두가 길을 떠난 후 예수님은 여느 순례자들과 마찬가지로 명절을 지키기 위해 혼자 예루살렘으로 올라가셨습니다. 거느린 사람도, 눈에 띄는 표식도 없었습니다. 들뜬 사람들의 행렬 속에서 홀로 침묵하고 계신 예수의 모습이 보이는 듯합니다.

명절에 유대 사람들이 예수를 찾으면서 물었습니다. "그 사람이 어디에 있소?" '그 사람'이라는 호칭 속에 이미 예수에 대한 유대 사람들의 판단이 내포되어 있습니다. 어떤 이들은 그를 좋은 사람이라고 하고, 또 어떤 이들은 그가 사람들을 미혹하는 사람이라 했습니다. 서 있는 자리에 따라 한 인물에 대한 평가가 극과 극으로 갈립니다. 하지만 사람들은 드러내 놓고 자기 생각을 밝히지 못합니다. 성전 체제나 공회가 그를 어떻게 판단하고 있는지 알 수 없었기 때문입니다. 약자들은 강자들의 의중이 드러나기 전까지는 침묵할 때가 많습니다. 살아남기 위한 고육지책일 것입니다. 약자의 슬픔과 비애는 늘 자기 검열을 하며 살아야 한다는 데 있습니다. 그들은 자기들의 눈으로 세상을 바라볼 수 없습니다. 언제나 기득권자들의 눈치를 보며 삽니다.

《홍길동전》을 쓴 허균은 기존 체제에 순응하며 늘 부림을 당하며 사는 이들을 일러 '항민恒民'이라 했습니다. '항상 항恒'에 '백성 민民' 자를 결합시킨 조어입니다. 그들은 강자의 눈으로 세상을 보는 일에 익숙합니다. 오랫동안 눈치를 보며 살아왔기에 지배자의 눈으로 자신을 감시하고 처벌하기도 합니다. 그들은 강자들의 시선을 자기화하여 자기보다 약한 이들을 감시하거나 무시하기도 합니다. 이게 보통 대중의 속성입니다. 하나님 나라의 복음이 그들의 가슴을 뜨겁게 하기까지는 아직 가야 할 길이 멀기만 합니다.

본질에 속한 말

명절이 중간에 접어들었을 때 예수님은 성전에 올라가서 가르치셨습니다. 유대 사람들은 놀라서 말합니다. "이 사람은 배우지도 않았는데, 어떻게 저런 학식을 갖추었을까?"(15절) 낯설지 않은 반응입니다. 체계적인 학교 교육을 받지도 않은 사람이 뭔가 본질을 꿰뚫는 말을 할 때 사람들의 대체적인 반응은 놀람입니다. 그것은 세상의 모든 지식이 배움을 통해 계승된다고 생각하기 때문입니다. 소위 학식 있다고 하는 이들이 온갖 개념과 범주를 가지고 복잡하게 설명하는 일을, 어떤 사람은 그냥 한 마디로 꿰뚫어 버리는 경우가 종종 있습니다. 직관적 지혜가 발달한 사람들이 있습니다.《어머니 학교》(열림원)는 시인 이정록이 어머니 말씀을 받아 적듯 하여 엮은 시집입니다. 그 가운데 나오는 〈주전자 꼭지처럼〉이라는 시를 들어 보십시오.

어미 아비가 되면 손발 시리고
가슴이 솥바닥처럼 끄슬리는 거여.
하느님도 수족 저림에 걸렸을 거다.
숯 씹은 돼지처럼 속이 시커멓게 탔을 거다.
목마른 세상에 주전자 꼭지를 물리는 사람.

마른 싹눈에 주전자 꼭지처럼 절하는 사람.
주전자는 꼭지가 그중 아름답지
새 부리 미운 거 본 적 있냐?
주전자 꼭지 얼어붙지 않게 졸졸졸 노래해라.
아무 때나 부르르 뚜껑 열어젖힌 채
새싹 위에다 끓는 물 내쏟지 말고.

   이 시에서 어미 아비의 마음은 하나님의 수족 저럼과 연결되고, 목마른 세상과 그 속에서 희망을 만드는 이들이 눈부시게 결합되고 있습니다. 희망은 주전자 꼭지처럼 졸졸졸 흘러나오는 법이니 결과를 얻기 위해 조급해 하지 말라는 교훈도 있습니다. 이 시에는 관념적인 단어나 표현이 하나도 없습니다. 하지만 삶의 진실을 가슴 뜨겁게 드러내 보여 줍니다. 세상의 어떤 설교보다도, 인간학에 대한 어떤 논문보다도 더 세차게 우리 가슴을 두드립니다. 배워서 아는 지식이 아닙니다. 삶을 통해 체득한 지혜입니다. 그런데 세상의 전문가들은 자기들끼리만 통용되는 언어와 문법의 규칙을 만들어 놓고 거기에 따라 말하지 않는 사람은 무지하다고 말합니다.
   예수님의 가르침은 하나님 나라에 대한 내용이었을 것입니다. 어쩌면 비유를 통해 하나님 나라를 설명하셨는지도 모르겠습니다. 예수님의 비유는 종교적인 언어를 하나도 사용하지 않으면서도 거룩의 세계를 여실히 보여 줍니다. 때로는 물이 흐르듯 유장하고, 때로는 폭포처럼 힘차게 쏟아지는 말씀에 사람들은 놀랐던 것 같습니다. 개념과 논리로 오염되지 않은 말, 본질을 향해 곧장 돌진하는 그 말씀은 낯설지만 거역할 수 없는 매혹이었을 것입니다. 말씀의 그런 힘은 어디에서 비롯된 것일까요?

자기 불화가 없는 삶

예수님이 하신 말씀 속에 답이 있습니다. "나의 가르침은 내 것이 아니라, 나를 보내신 분의 것이다"(16절). 자기 부정에 이르지 못한 사람이라면 차마 할 수 없는 말입니다. 요한복음은 예수님을 '보냄을 받은 자'로 소개합니다. 주님은 당신이 이 세상에 내려온 것은 자기 뜻이 아니라 보내신 분의 뜻을 행하기 위해서 왔다고 말씀하셨습니다(요 6:38). 보내신 분의 뜻은 명백합니다. 생명을 살리는 것, 혹은 풍성하게 하는 것입니다.

나를 보내신 분의 뜻은, 내게 주신 사람을 내가 한 사람도 잃어버리지 않고, 마지막 날에 모두 살리는 일이다(요 6:39).

나는 양들이 생명을 얻고 또 더 넘치게 얻게 하려고 왔다(요 10:10b).

분명한 소명 의식을 가진 이는 상황이 힘들다고 투덜거리지 않습니다. 울면서라도 희망의 씨를 뿌립니다. 결실이 눈에 보이지 않아도 낙심하지 않습니다. 하나님의 사람들은 가능성이나 손익을 계산한 후에 어떤 일에 착수하는 사람이 아니라 마땅히 해야 할 일이기에 우직하게 밀고 나가는 사람입니다. 영혼의 아름다움을 보여 준 이들은 다 그랬습니다. 그들은 세상의 윤똑똑이들이 보기에 어리석은 사람들입니다. 하지만 상관없습니다. 그저 명령받은 바를 수행하는 것이 그들의 일입니다. 심는 이와 물 주는 이가 있지만 씨앗을 자라게 하시는 분은 하나님입니다. 그런 확신이 있어야 낙심하지 않을 수 있습니다.

 예수님은 하나님의 뜻을 따르려는 진실한 마음이 있는 사람이라면, 당신의 가르침이 하나님에게서 난 것인지 아니면 마음대로 하는 말인지를 알 것이라고 말씀하십니다. 눈과 귀가 어두운 저도 어떤 말을 들으면 그 말이 무슨 의도에서 나온 것인지 어렵지 않게 알아차립니다. 진심을 숨긴 말을 들을 때면 속에서 경계심이 발동됩니다. 부드럽지만 그 속에 칼을 숨긴 말도 있고, 구구절절 옳은 말 같지만 결국에는 자기 이익을 위해 발설된 말도 있습니다. 신학자들은 일쑤 '말씀-사건'이라는 말을 사용합니다. 참된 말씀은 그 떨어진 자리에서 변화의 사건을 일으킨다는 뜻일 것입니다. 속에 심겨진 말씀이 발아하는 때가 언제일지는 알 수 없습니다. 하지만 한 가지 분명한 사실은 생명의 말씀은 반드시 결실을 맺는다는 것입니다. 이사야도 같은 말을 했습니다. 비와 눈이 하늘로부터 내려서 땅을 적시고, 싹이 돋아 열매를 맺게 하고, 씨 뿌리는 사람에게 씨앗을 주고 먹거리를 주고 나서야 그 근원으로 돌아가는 것처럼 하나님의 말씀도 그러하다는 것입니다(사 55:10-11).

　주님은 발설된 말이 하늘에서 온 것인지 아닌지를 분별할 수 있는 시금석 하나를 다시금 우리에게 제시해 주셨습니다. 자기 영광을 구하는 이들의 말은 믿을 게 못됩니다. 보내신 분의 영광을 구하는 사람의 말은 믿어도 좋습니다. 그러나 그 구분이 좀 모호할 때가 많다는 게 문제입니다. 교묘한 말로 사람들을 호리는 이들이 많습니다. 모든 게 불확실한 세상에 살면서 지친 이들은, 뭔가 확고하게 말하는 사람들에게 끌리는 것 같습니다. 스스로 사유하는 주체가 되기보다는 누군가가 이끌어 주기를 소망합니다. 그래서 말끝마다 '주여', '할렐루야', '아멘'을 달고 살면서도 자기 이익을 위해 수단 방법을 가리지 않는 종교 상인들에게 잘 속아 넘어갑니다. 하나님의 계시를 받았다면서 사람들을 미혹하는 이들이 참 많습니다. 하지만 정신을 차리고 눈을 뜨면 보입니다.

　남의 말을 판단하는 데만 집중할 것 없습니다. 먼저 우리 말이 진실한가를 물어야 합니다. 유대인들은 말하기 전에 세 황금 문을 지나게 하라고 가르칩니다. "나의 말은 진실한가?" "나의 말은 꼭 필요한 말인가?" "나의 말은 친절한가?" 이런 질문 앞에 설 때 우리 말은 점점 예수의 말을 닮게 됩니다. 살리는 말, 북돋는 말이 되살아나야 우리 사회도 새로워질 것입니다. 육신이 되어 이 땅에 오셨던 주님은 지금 진실한 말씀으로 우리 곁에 다가오고 계십니다. 그 말씀을 공손히 모실 때 우리는 하늘의 사람으로 거듭나게 될 것입니다. 주님의 말씀이 우리를 통해 이 땅에서 구현되기를 소망합니다.

거룩한 삶

초복이 지나면 날이 조금씩 무더워집니다. 음료수와 빙과류의 소비가 느는 계절이지요. 그런데 저는 음료수보다 담담(淡淡)한 물을 더 좋아합니다. 뭔가 짜릿한 맛 속에는 이미 또 다른 갈증이 배태되어 있는 것 아닌가 생각합니다. 신앙생활도 마찬가지 같습니다. 일상의 삶과 동떨어진 뭔가 특별한 종교적 체험에 탐닉하다 보면, 일상의 삶에 충실할 수가 없습니다. 하나님은 택하신 백성이 지향해야 할 생의 목표를 한마디로 요약해 주십니다.

너희의 하나님인 나 주가 거룩하니, 너희도 거룩해야 한다(레 19:2).

거룩하다는 것은 우리의 일상적인 삶과는 좀 달라야 한다고 생각하는 분들이 많은 것 같습니다. 쉰 듯한 목소리가 거룩한 목소리인가요? 쇳소리가 많이 들어가는 아무개 목사님을 닮은 어조라야 거룩한가요? 그런 것은 거룩함과 아무 관계도 없습니다. 거룩에 대한 잘못된 편견 때문에, 흔히들 '거룩한 분' 하면 '가까이 하기엔 너무 먼 당신'으로 생각합니다. '거룩'이란 추상적으로 규정될 수 있는 개념이 아니에요. 그것은 구체적인 삶을 통해서만 드러나는 것입니다. 즉, 거룩은 거룩한 삶을 통해서만 표현되는 것이기에 일상의 현실을 떠난 거룩은 없습니다. 성경이 말하는 거룩한 삶은 매우 상식적이고 담담합니다.

- '부모를 경외하라' – 하나님의 계획 속에서 우리를 이 땅에 있게 하신 분들이기 때문입니다.

- '안식일을 거룩하게 지키라' – 이 말은 우리의 일상의 삶 속에서 시간의 성소를 만들며 살라는 말입니다. 하나님께 우리의 삶을 보여 드리고, 우리 삶을 하나님의 뜻에 비끄러매기 위한 시간을 마련하고 사는 것이 참된 삶이기 때문입니다.

- '신령과 진정으로 예배드리라' – 타락이란 경외심을 잃어버리고 사는 삶일 것입니다. 삶에서 경외심을 잃어버리는 순간, 세상은 지루한 곳으로 변하고 다른 사람들은 지옥이 되어 버립니다.

- '밥을 제대로 먹어라.' – 밥을 먹는 행위는 하나님을 영접하는 행위가 되어야 합니다. 니코스 카잔차키스의 《그리스인 조르바》(열린책들)에 나오는 인물 조르바는, 우리가 먹는 것이 무엇

으로 변하는지를 말해 주면 우리가 어떤 사람인지를 말해 주겠다고 합니다. 밥을 먹고 나서 개가 좋아하는 것만 만들면 곤란합니다. 그것으로 활동력을 만들고, 성숙한 인격을 만들고, 깊은 영혼을 만들 때 우리는 밥을 제대로 먹는 것입니다.

결국 거룩한 삶이란 우리가 일상적으로 늘 하는 일들을 제대로 해내는 것입니다. 개인적 차원에서의 거룩한 삶은 우리가 습관적으로, 의무적으로 행하고 있는 일상의 일들을 '마음을 담아' 행하는 것이라고 말할 수 있겠습니다. 하지만 우리는 홀로 살 수 없는 존재이므로, 다른 이들과 함께하는 공동체 속에서 거룩한 삶을 살기 위해 실천해야 할 것들이 무엇인지 생각해 보아야 하겠습니다.

이웃에 대한 배려
성경은 그 첫째로 가난한 이웃들을 배려할 줄 알아야 한다고 말합니다.

밭에서 난 곡식을 거두어들일 때에는, 밭 구석구석까지 다 거두어들여서는 안 된다. 거두어들인 다음에, 떨어진 이삭을 주워서도 안 된다. 포도를 딸 때에도 모조리 따서는 안 된다. 포도밭에 떨어진 포도도 주워서는 안 된다. 가난한 사람들과 나그네 신세인 외국 사람들이 줍게, 그것들을 남겨 두어야 한다. 내가 주 너희의 하나님이다(레 19:9-10).

한마디로 말해 싹쓸이하지 말라는 것입니다. 싹쓸이란 말의 울림은 참 음습합니다. '나만 잘 살면 그만'이라는 사탄의 논리에 현혹되지 말아야 합니다. 굶주린 배를 부여안고 잠을 못 이루는 사람이 있는데, 혼자 부른 배를 두드리며 자리에 눕는 것은 죄입니다. 왜 그럴까요? 땅의 주인은 하나님이시기 때문입니다. 우리가 아무리 내 이름으로 땅과 건물을 등기해 놓아도, 백 년이 지나기 전에 우리는 이 땅을 떠나게 되어 있습니다. 하나님은 이 땅에 배고픈 사람이 한 사람도 없기를 바라십니다. 하지만 고르지 못한 인간 세상을 잘 아셨기 때문에 가난한 이들을 위한 최소한의 장치를 해 놓으신 것입니다. 아무리 내 이름으로 등기되어 있어도 땅의 한 모퉁이는 가난한 사람들의 것임을 인정하고 살아야 합니다. 우리 수입의 일부는 그런 이들의 몫임을 알고 그들을 위해 사용하는 것, 그게 하나님의 법입니다.

옛날 우리나라에서는 정월 대보름이 되면 마을 사람들이 모여 제사를 지냈습니다. 그런데 그 전날, 마을 사람들은 아주 은밀한 행위를 했습니다. '옷 걸이'와 '옷 따기' 행사가 그것입니다. 마을에서 형편이 좀 나은 집에서는 새 옷을 짓거나 아직 한 번도 입지 않은 새 옷을 찾아서 아무도 몰래 당집에 갖다 걸어 놓았습니다. 그 일을 할 때는 남의 것을 훔치러 갈 때보다 더 조심스럽게 했는데, 옷을 갖다

건 것을 가족들도 모르게 해야 했기 때문입니다. 그렇게 걸어 놓은 옷은 가난한 이웃이 아무도 모르게 가져가서 입었습니다.

이 풍습을 "당집에서 옷 따다 입는다"고 하는데, 아주 감동적인 것은 옷 걸기를 한 사람이나 옷 따기를 한 사람 모두 그 해를 복되게 살 수 있었다고 합니다. 여기서 뜻하는 복은, 가정이 화목하고 이웃과 화목하게 지내는 것으로, 참 소박하지만 흐뭇한 복이었습니다. 우리 조상들은 레위기를 읽지 않았으면서도 하나님의 법을 잘 알고 있었던 것 같습니다.

이렇게 은밀하게 이웃을 돌보는 것, 하나님은 그것을 아주 소중하게 여기십니다. 이웃의 아픔을 함께 보듬어 안고, 그들을 격려하면서 함께 살려고 할 때 우리는 공동체 속에서 거룩을 실현하는 것입니다.

신뢰의 공간 만들기

또 성경은 우리에게 도둑질, 속임수, 거짓말, 거짓 맹세를 그만두라고 명합니다(레 19:11). 이런 행위들은 우리가 함께 살아가는 데 꼭 필요한 신뢰의 터전을 허무는 것들입니다. 몇 년 전 이탈리아에 갈 때 저는 그 나라에 도둑이 많으니 조심해야 한다는 소리를 많이 들었습니다. 밀라노 역에 내릴 때부터 제 눈에는 사람들이 다 도둑으로 보이더군요. 우리가 만나는 사람들 모두를 의심하고 경계하면서 살아야 한다면, 저는 별로 살고 싶지 않을 것 같습니다. 거짓말,

거짓 맹세, 속임수… 이런 것들은 우리가 서 있는 삶의 토대를 스스로 허물어뜨리는 것입니다. 그것들을 버려야 합니다. 속이지 않는 것, 내 이익을 위해 거짓 맹세하지 않는 것, 이것이 거룩한 삶입니다.

힘이 좀 있다고 약한 사람을 억누르고, 높은 자리에 있다고 사람들의 것을 함부로 빼앗고, 사람들이 땀 흘린 대가를 가로채는 것도 거룩한 삶에 역행하는 것입니다(레 19:12-13). 교회에서는 경건한 신자처럼 보이는데, 직장에서는 폭군이고 착취자인 경우도 종종 있습니다. 그러나 남이 누려야 할 몫까지 빼앗아 누려서는 안 됩니다. 지금 미국을 보십시오. 아무도 그들에게 우리를 지켜 달라고 하지 않았는데도 그들은 세계 평화의 파수꾼을 자처합니다. 그들은 힘도 세고 돈도 많습니다. 그래서 자기 식으로 세상을 바꾸어 놓으려고 합니다. 그게 소위 신자유주의라는 것입니다.

대체 누구를 위한 자유입니까? 지구의 한 보퉁이에서는 사람들이 굶어 죽어 가는데, 그들은 풍요의 축제를 즐기면서 복 받았다고 말합니다. 하나님이 기뻐하실까요? 어떤 목사님들은 미국이 하나님을 잘 믿어서 복 받고 잘 산다면서 우리도 하나님 잘 믿어야 한다고 하십니다. 과연 그게 복일까요? 오히려 화가 아닐까요? 흑인을 구타하는 백인 경찰들 보셨습니까? 이 땅의 어린 소녀들을 장갑차로 깔아뭉개고도 사과에 인색한 그들 보셨습니까? 에른스트 블로흐라는 철학자는, 희망의 철학은 언제나 '나'라는 주어를 '우리'라는 주어로 바꾸는 것이라고 했습니다. '나'의 욕망을 거스르면서 자꾸 '너'를 향해 나아가고, '너'를 위해 '나'를 바치는 삶, 곧 예수님이 보여 주신 삶이야말로 진정 복 받은 삶입니다.

장애를 안고 살아가는 사람들을 멸시하거나 골탕 먹이지 않고, 그들의 손발이 되어 주려고 애쓰는 것이야말로 거룩한 삶의 또 다른 모양입니다(레 19:14). 우리들 속에는 천사의 씨앗과 악마의 씨앗이 공존하고 있습니다. 어느 쪽을 골라 물을 줄지는 우리가 선택해야 할 문제입니다. 장애우들은 우리의 이해와 도움을 필요로 합니다. 하지만 그들은 우리에게 줄 소중한 선물도 가지고 있습니다. 그들과 깊이 그리고 친밀하게 접촉하다 보면, 우리는 잃어버렸던 하나님의 형상을 되찾게 될 것입니다.

어울림의 삶

이렇게 보면 거룩한 삶이란 결국 다른 이들을 긍정해 주고, 그들과 잘 어울려 사는 것임을 알 수 있습니다. 성경은 그래서 거룩한 삶의 강령을 한마디로 요약하고 있습니다.

다만 너는 너의 이웃을 네 몸처럼 사랑하여라(레 19:18).

나와 생각이 다르고 삶의 방식이 다르다고 해서 그를 나의 삶에서 배제해 버리는 것이 아니라, 마음으로 그를 미워하지 않기 위해 애써야 합니다. 그리고 그가 정말 잘못된 길에 서 있다면 온유하고 겸손한 마음으로 바로잡아 주는 것이야말로 우리가 선택해야 할 아름다운 몫입니다. 여러분, "나 살기도 바쁜데 왜 남의 일에 마음 쓰며 살아?" 하고 반문하시는 분도 계실 것입니다. 그렇지만 알아 두십시오. 남을 위해 마음을 써 주는 것이야말로 나의 문제로부터 벗어나는 지름길이라는 사실을 말입니다. 〈동사서독〉이라는 영화에 나오는 구양봉이라는 인물은 자기의 고통 속에 갇혀 사는 사람입니다. 그는 이런 말을 합니다.

옛날에는 산을 보면 그 너머엔 뭐가 있을까 궁금했다. 그러나 지금은 아니다.

꿈을 잃어버린 사람의 적막함이 느껴지지 않습니까? 우리가 바라보고 있는 현실, 우리를 가로막고 있는 현실보다 조금만 더 멀리 바라보십시오. 그곳에 생명이 있고, 사랑이 있고, 이웃이 있고, 하나님이 계십니다.

사회적 모성

야산마다 활짝 피어난 진달래꽃으로 인해 환한 계절입니다. 4.19혁명이 일어난 이맘때가 되면 이영도 시인의 〈진달래〉가 떠오릅니다.

눈이 부시네 저기 난만히 묏등마다
그날 쓰러져 간 젊음 같은 꽃사태가
맺혔던 한이 터지듯 여울여울 붉었네

그렇듯 너희는 가고 욕처럼 남은 목숨
지친 가슴 위엔 하늘이 무거운데
연연히 꿈도 설워라 물이 드는 이 산하

시인은 무리지어 피어나는 진달래꽃을 보며 4.19 때 자유를 외치다 죽어 간 젊은이들을 떠올리고 있습니다. 자연은 무심히 흘러가는 것 같지만 복잡한 인간사로 인해 피어나는 꽃들조차 유정한 것입니다. 이스라엘 시인은 "우리의 거리에는 울부짖는 소리가 전혀 없을 것"(시 144:14c)이라며 이상적인 세상을 노래했지만 세상은 여전히 혼돈 속에 있습니다. 인간 역사는 예속에서 자유로 가는 여정입니다.

고대 세계에서는 소수의 사람들만이 자유를 누렸고 다수는 예속 상태에서 살아야 했습니다. 신분제가 철폐된 지금은 대부분의 사람들이 자유로운 듯 보입니다. 하지만 실제로는 그렇지 않습니다. 새로운 신분제 사회가 도래했기 때문입니다. 신분을 가르는 척도는 재산 혹은 구매력입니다. 같은 시민이라 해도 돈의 과다에 따라 사회적 신분이 확연히 갈립니다. 그래서 사람들은 돈을 벌기 위해 정말 열심히 일합니다. 경쟁의식이 내면화되어 있기에 한시도 마음 편할 날이 없습니다. 다들 숨이 가쁩니다. 이전보다 많은 것을 누리지만 행복감은 줄어들고 있고, 늘 불안에 사로잡힌 채 살아갑니다. 공동체가 다 무너지면서, 삶이 고단할 때면 잠시라도 몸을 기댈 수 있던 언덕도 다 사라지고 말았습니다.

가끔 작고한 사진작가 김기찬 선생의《골목 안 풍경》(눈빛)이라는 사진집을 보곤 합니다. 그는 마치 삶의 곡절처럼 구불구불한 골목 안에서 벌어지는 서민들의 정겨운 삶을 기록하고 있습니다. 골목 안에서 노는 아이들, 음식을 나눠 먹는 사람들, 의자를 내놓고 앉아 두런두런 이야기를 나누는 사람들…. 구차하지만 인정이 있던 풍경입니다. 하지만 지금 그런 풍경은 도시에서 더 이상 찾아보기 어렵습니다. 물질은 풍부해졌지만 정신은 빈곤해진 것입니다. 백짓장도 맞들면 낫다는 속담이 무색한 시대입니다.

저마다 자기중심성의 덫에서 자유롭지 못합니다. 이런 시대에 성경을 읽는다는 것은 어떤 의미일까요? 세상을 바라보는 새로운 관점을 얻는다는 것이 아닐까요? 세상에 길들여진 우리 마음과 생각을 하늘의 뜻에 따라 조율한다는 것이 아닐까요? 하늘 뜻은 명확합니다. 세상 사람들이 서로를 귀히 여기며 형제자매로서의 우의를 다지며 살아가는 것입니다. 생명을 풍성하게 하는 것입니다. 1945년 4월 9일에 나치에 의해 처형당한 디트리히 본회퍼 목사는 기독교인들의 실존적 과제를 '타자를 위한 존재'라는 말로 요약했습니다. 성경의 용어로 하자면 이것은 '이웃 사랑'이고 도덕철학적 용어로 이야기하자면 '배려'가 될 것입니다. 이 마음이 무너졌기에 세상이 암담합니다.

면제년

신명기 법전은 거룩한 백성으로 살기 위해, 그리고 '더불어 함께' 살기 위해 하나님의 백성이 명심해야 할 내용을 담고 있습니다. 그 규정이 상당히 상세합니다. 고대 이스라엘 공동체의 생생한 삶을 반영하고 있기 때문입니다. 신명기 15장은 빚을 면제해 주는 면제년 규정을 다루고 있습니다.

당신들 동족 히브리 사람이 남자든지 여자든지, 당신들에게 팔려와서 여섯 해 동안 당신들을 섬겼거든, 일곱째 해에는 그에게 자유를 주어서 내보내십시오. 자유를 주어서 내보낼 때에, 빈손으로 내보내서는 안 됩니다. 당신들은 주 당신들의 하나님으로부터 복을 받은 대로, 당신들의 양 떼와 타작마당에서 거둔 것과 포도주 틀에서 짜낸 것을 그에게 넉넉하게 주어서 내보내야 합니다. 당신들이 이집트 땅에서 종살이한 것과 주 당신들의 하나님이 당신들을 거기에서 구속하여 주신 것을 생각하십시오. 그러므로 내가 오늘 이러한 것을 당신들에게 명하는 것입니다. 그러나 그 종이 당신들과 당신들의 가족을 사랑하고, 당신들과 함께 있는 것을 좋아하여 '나는 이 집을 떠나가지 않겠습니다' 하고 당신들에게 말하거든, 당신들은 그의 귀를 문에 대고 송곳으로 그 귓불을 뚫으십시오. 그러면 그는 영원히 당신들의 종이 될 것입니다. 여종도 그렇게 하십시오. 남녀 종에게 자유를 주어서 내보내는 것을 언짢게 생각하지 마십시오. 그들은 여섯 해 동안 품팔이꾼이 받을 품삯의 두 배는 될 만큼 당신들을 섬겼습니다. 그렇게 내보내야만 주 당신들의 하나님이 당신들이 하는 모든 일에 복을 내려 주실 것입니다(신 15:12-18).

매 칠 년 끝에는 빚을 면제하여 주라는 말로 시작되는 이 단락은 오늘의 우리에게도 많은 것을 시사해 주고 있습니다. 동족인 이웃에게 돈을 꾸어 준 사람은 빚을 갚으라고 다그쳐서는 안 됩니다. 뿐만 아니라 면제년이 되면 그 빚을 삭쳐 주어야 합니다. 성경은 그 땅에 가난한 사람이 없게 하는 것이 복을 받는 비결이라고 가르칩니다. 따라서 가난한 동족을 인색한 마음으로 대해서도 안 되고, 그들에게 베풀지 않으려고 손을 움켜쥐어서도 안 됩니다.

반드시 당신들의 손을 그에게 펴서, 그가 필요한 만큼 넉넉하게 꾸어 주십시오. 당신들은 삼가서 마음에 악한 생각을 품지 마십시오. 빚을 면제하여 주는 해인 일곱째 해가 가까이 왔다고 해서, 인색한 마음으로 가난한 동족을 냉대하며, 아무것도 꾸어 주지 않아서는 안 됩니다. 그가 당신들을 걸어 주님께 호소하면, 당신들이 죄인이 될 것입니다(신 15:8-9).

'반드시'와 '넉넉하게'라는 단어가 '인색한 마음'이라는 단어와 대조되고 있습니다. 정말 어려운 처지에 빠진 사람이 일어설 수 있도록 돕는 것이 하나님의 뜻이라는 것입니다. 움켜쥐려는 본능을 거슬러 꼭 필요한 이들에게 나눠 줄 수 있을 때 우리 마음도 자라게 마련입니다. 이런 일이 정말 가능한 것일까요?

저는 최근 우리 사회 일각에서 시작되고 있는 두 가지 운동에 주목하고 있습니다. 하나는 성남시에서 벌어지고 있는 '빚 탕감 프로젝트'입니다. 이것은 은행이나 대부업체에서 돈을 빌렸으나 도저히 갚을 길이 없어 신용불량자가 된 사람들을 돕기 위한 것입니다. 채권자가 회수를 포기했음에도 불구하고 채권 추심 시장에 남아 있어 평생 빚쟁이로 살아가는 시민들을 구제하기 위해 시민단체와 종교인들이 나선 것입니다. 모금한 돈으로 장기 연체 부실채권을 매입하고 그것을 불태워 버림으로써, 채무자들에게 새로운 삶의 가능성을 열어 주는 프로젝트입니다. 천태종에서 먼저 시작했고 성남시에 있는 100여 개의 교회가 동참하고 있다고 합니다. 놀라운 일입니다. 사실 이것은 미국의 롤링 주빌리Rolling Jubilee 운동에서 영감을 받은 것이라 합니다. 2012년 11월에 미국의 시민운동 단체인 '월가를 점령하라Occupy Wall Street'가 벌인 빚 탕감 운동인데, 그 뿌리는 성경의 '희년 정신'입니다. 희년을 우리 사회에서 구현해 내려는 노력이 결실을 보고 있다는 사실이 놀랍습니다.

또 하나는 장발장 은행입니다. 장발장은 아시다시피 빅토르 위고의 소설 《레 미제라블》의 주인공입니다. 그는 배가 고파 빵 하나를 훔쳤다가 5년 형을 언도받았는데, 여러 차례 탈옥을 시도하다가 결국 19년 옥살이를 하고 나온 사람입니다. 예나 지금이나 큰 도둑들은 잡지 않고 작은 도둑들에게 가혹한 것이 현실입니다. 장발장 은행은, 단순 벌금형을 선고 받았는데 그 벌금을 낼 길이 없어 감옥에 들어가 노역하는 사람들의 수가 1년에 4만 명이 넘는다는 사실에 충격 받은 이들에 의해 시작되었습니다. 도저히 돈을 구할 수 없어서 구치소와 교도소에서 노역을 해야 하는 이들에게 '사회적 모성'을 느끼도록 해 주자는 취지입니다. 사회가 그들의 품이 되어 주자는 것입니다. 물론 파렴치범이나 상습범은 혜택을 볼 수 없습니다.

소년소녀 가장이나 차상위계층이 그 우선적 대상입니다. 최대 300만원까지 빌릴 수 있고 6개월 거치에 1년간 균등 분할 상환하는 조건입니다. 국가가 하기 어려운 일을 시민사회가 혹은 종교계가 시작했다는 사실이 놀랍습니다. 조금 따뜻한 사회를 만들기 위해 애쓰는 사람이 하나님의 일을 하는 사람이라 할 수 있지 않을까요?

넉넉하게 주어서

신명기 법전이 다루는 히브리 종들에 대한 규정도 주목해 볼 필요가 있습니다. 빚에 몰려 종으로 팔려 온 히브리인들은 여섯 해 동안 주인을 섬기게 하고 그 이듬해에는 자유를 주어서 내보내야 했습니다. 자유를 주어 내보낼 때에 '빈손'으로 내보내서는 안 됩니다. 토지와 가축으로부터 얻은 소득 가운데서 넉넉하게 주어 내보내야 합니다. 그들의 수고와 땀 흘림 덕분에 주인집도 복을 받았기 때문입니다. 이것은 "당신들은 주 당신들의 하나님으로부터 복을 받은 대로"(신 15:14a)라는 말을 배경으로 볼 때 더욱 명확해집니다.

이스라엘 사람들은 땅의 주인은 하나님이라 고백했습니다. 사실 우리는 잠시 이 땅에 머물다 떠나는 나그네들일 뿐입니다. 우리는 떠나도 땅은 여전히 남습니다. 하나님은 당신이 만드신 땅에서 모든 사람이 행복하기를 원하십니다. 하지만 살다 보면 사람들의 운명은 갈리게 마련입니다. 부자와 가난한 자, 건강한 자와 약한 자, 지배자와 피지배자, 가해자와 피해자가 갈립니다. 이러한 상황이 지속

되면 세상은 점점 위험한 곳으로 변할 수밖에 없습니다. 특권 의식에 젖어 사는 사람들은 사람됨의 본질이 무엇인지를 잊어버리면서 죄의 길에 접어들게 되고, 사회적 약자들은 다른 이들을 선망의 시선으로 바라보다가 자칫 잘못하면 내면에 냉소와 불신과 적의를 키우게 됩니다. 평화로운 삶의 꿈은 가물가물 스러지고, 세상은 전장으로 변하고 맙니다.

특히 오늘의 현실이 그러합니다. 지금의 신자유주의 경제 질서는 '빚'을 매개로 하여 작동되는 체제입니다. 소비사회는 사람들을 끊임없이 욕망의 시장으로 내몹니다. 끊임없이 쏟아져 나오는 '신상품'은 매력적인 외양을 하고 사람들을 현혹합니다. 당대의 가장 '핫'한 연예인이나 스포츠 스타들이 광고 모델로 등장하여 소비 욕구를 자극합니다. 그것을 누리지 못하면 루저처럼 느껴지기에 사람들은 빚을 내서라도 그것을 소유하려 합니다. 그리고 대부업체들은 요청하지도 않았는데 친절하게도 돈을 빌려주겠다고 스팸성 문자를 날립니다. 이제는 술 권하는 사회가 아니라 빚을 권하는 사회가 되었습니다.

이런 세상에 사는 동안 난파당한 이들이 너무 많습니다. 아무리 살려고 발버둥을 쳐 보아도 가난의 질곡에서 벗어나기 어려운 이들이 많습니다. 삶의 방편을 찾을 길 없어 낙심하는 젊은이들이 많습니다. 일하지 않고도 호사스럽게 살아가는 이들을 보면서 상실감 또한 깊어갑니다. 돈이 최고의 가치로 인정받는 사회는 위험 사회입니다. 사회학자 짐멜은 "돈은 자유를 선사하지만 연대를 앗아간다"고 말했습니다. 다른 이들과 공감하고 그들의 아픔을 덜어 주려는 마음이 점점 사라진다는 말입니다.

이런 불공평한 세상에서 우리는 어려움을 겪고 있는 이들을 너그럽게 대하라는 하나님 말씀 앞에 서 있습니다. 종이 되었던 이들이 다시 한 번 자기 삶의 주인이 되어 살아갈 수 있도록 성심성의껏 도우라는 것입니다. 사회적 모성의 회복은 각박하기 이를 데 없는 우리 시대의 과제이기도 합니다. 하나님의 사람들이 앞장서서 그 일에 동참해야 하는 것은, 주님의 값없는 구원을 경험했기 때문입니다.

당신들이 이집트 땅에서 종살이한 것과 주 당신들의 하나님이 당신들을 거기에서 구속하여 주신 것을 생각하십시오. 그러므로 내가 오늘 이러한 것을 당신들에게 명하는 것입니다(신 15:15).

새로운 세상의 향도

예수님도 더 많이 탕감 받은 자의 감격에 대해 말씀하셨습니다(눅 7:41-43). 우리는 모두 죄의 빚을 탕감 받은 사람들입니다. 그것을 진심으로 고백한다면 우리는 이웃을 가혹하게 대할 수도 없고 인색하게 대할 수도 없습니다. 신명기 본문은 히브리 종을 내보내는 것을 언짢게 생각하지 말고, 그들에게 넉넉히 주어 보내라고 권고하고 있습니다. 그 동안 희년법이 역사 속에서 실행된 적이 있었으나 우리는 회의적인 시선으로 바라보곤 했습니다. 하지만 그 희년 혹은 면제년의 꿈을 우리 현실 속에서 구현해 내려는 이들이 등장하고 있습니다. 새로운 세상은 몽상가처럼 보이는 이들을 통해 유입되는 법입니다. 좋은 세상을 만들기 위해서는 두 가지 일이 동시에 진행되어야 합니다. 첫째는 불의한 자들과 싸우는 일입니다. 둘째는 서로서로 힘이 되어 주는 새로운 공동체를 일으켜 세우는 일입니다. 교회가 해야 할 일이 정말 많습니다. 곡우 절기가 다가옵니다. 철 따라 우로를 내리시는 주님의 은총에 감사합니다. 이제 우리가 해야 할 일은 척박한 역사의 대지를 갈아엎고 생명과 희망의 씨를 뿌리는 일입니다. 호세아 선지자를 통해 우리에게 주어진 말씀을 들으십시오.

> 정의를 뿌리고 사랑의 열매를 거두어라. 지금은 너희가 주를 찾을 때이다. 묵은 땅을 갈아잎어라. 나 주가 너희에게 가서 정의를 비처럼 내려 주겠다(호 10:12).

수많은 젊은이들과 시민들의 희생 위에 세워진 이 나라가 진정으로 아름다운 나라, 따뜻한 나라가 되려면 이웃들을 향한 우리 손과 마음이 인색하지 말아야 합니다. 지금 울부짖고 있는 이들의 품이 되어 주어야 합니다. 우리는 그런 세상을 열기 위한 향도로 부름받았습니다. 주님의 은총을 받은 사람답게 세상 도처에 빛의 알갱이를 흩뿌리며 사는 우리가 되기를 기원합니다.

분별하는 사랑

벌써 한 해의 절반이 지난 7월입니다. 엄부렁하게 부푼 시간 속에서 허우적거리느라 우리는 많이 지쳤습니다. 이맘때가 되면 주님이 들려주신 비유가 생각납니다. 3년째 열매를 맺지 못하는 무화과나무를 보고 주인은 포도원지기에게 지시합니다. "찍어 버려라. 무엇 때문에 땅만 버리게 하겠느냐?"(눅 13:7) 이 말씀이 가끔 이명증처럼 내 귀에 쟁쟁하게 울립니다. 그래서 혼자 생각해 봅니다. '나는 지금 어떤 열매를 맺어 주인의 마음을 기쁘게 하고 있나?' 찍어 버린다 하셔도 대꾸할 말이 없습니다.

비유에 등장하는 포도원지기는 참 성실한 사람입니다. 그는 주인에게 조심스럽게 말합니다. "주인님, 올해만 그냥 두십시오. 그 동안에 내가 그 둘레를 파고 거름을 주겠습니다. 그렇게 하면 다음 철에 열매를 맺을지도 모릅니다. 그때에 가서도 열매를 맺지 못하면, 찍어 버리십시오"(눅 13:8-9). 이 비유의 말씀을 읽을 때마다 지금 우리가 살고 있는 시간은 '유예받은 시간'이라는 생각이 들곤 합니다. 시간이 많지 않습니다. 세상에 팔린 우리의 시선을 거두어 들여야 합니다. 오순절기를 지나는 동안 우리 삶에도 성령의 열매가 많이 맺혀야 합니다.

바울 사도가 옥중에 있으면서 기록한 빌립보서에는 다음과 같은 말씀이 있습니다.

나는 여러분을 생각할 때마다, 나의 하나님께 감사를 드립니다. 내가 기도할 때마다 여러분 모두를 위하여 늘 기쁜 마음으로 간구합니다. 여러분이 첫 날부터 지금까지, 복음을 전하는 일에 동참하고 있기 때문입니다. 선한 일을 여러분 가운데서 시작하신 분께서 그리스도 예수의 날까지 그 일을 완성하시리라고, 나는 확신합니다. 내가 여러분 모두를 이렇게 생각하는 것은, 나로서는 당연한 일입니다. 내가 여러분을 내 마음에 간직하고 있기 때문입니다. 여러분 모두는 내가 갇혀 있을 때나, 복음을 변호하고 입증할 때에, 내가 받은 은혜에 동참한 사람들입니다. 내가 그리스도 예수의 심정으로, 여러분 모두를 얼마나 그리워하고 있는지는, 하나님께서 증언하여 주십니다. 내가 기도하는 것은 여러분의 사랑이 지식과 모든 통찰력으로 더욱 더 풍성하게 되어서, 여러분이 가장 좋은 것이 무엇인가를 분별할 줄 알게 되는 것입니다. 그리하여 여러분이 그리스도의 날까지 순결하고 흠이 없이 지내며, 예수 그리스도께서 주시는 의의 열매로 가득 차서 하나님께 영광과 찬양을 드리게 되기를, 나는 기도합니다(빌 1:3-11).

열악한 조건 속에 있는 터라 마음에 어두운 그림자가 드리워 있을 법도 하지만, 바울의 글은 가뿐하기 이를 데 없습니다. 사람들은 오랫동안 이 서신을 '기쁨의 서신'이라고 불렀습니다. 문익환 목사님은 감옥에 계시면서 마음이 초조할 때마다 이 서신을 읽었다고 합니다. 내면에 든든함이 깃들기를 바라는 마음에서였을 것입니다. 그러나 아무리 읽어도 마음에 기쁨이 찾아오지 않았습니다. 불안한 마음, 원망스러운 마음이 고질병처럼 몸과 마음에 새겨져 있었던 것입니다. 하지만 포기하지 않고 끈질기게 빌립보서를 반복하여 읽으셨습니다.

그러던 어느 날 마침내 그의 마음을 사로잡고 있던 불안과 초조, 원망의 마음이 스러졌고, 내면 깊숙한 곳에서부터 기쁨과 감사의 마음이 솟구쳐 올랐다고 합니다. 현실은 달라진 것이 없지만, 현실을 대면하는 그의 태도는 완전히 달라졌습니다. 하나님의 마음에 접속되었기 때문입니다. 하나님의 눈과 마음으로 세상을 보는 순간, 세상은 이전과는 다른 모습으로 다가오게 마련입니다. 믿음의 눈을 뜬 사람은 시련의 시간 속에도 보화가 감추어져 있음을 알아차립니다.

기쁨으로 기억하는 사람들

저는 시골에서 어린 시절을 보냈습니다. 비가 내린 다음 날 아침, 타박타박 걸어 멀리 떨어진 학교에 가다 보면 눈길을 끄는 게 참 많았습니다. 대기는 맑았고, 나뭇잎도 한결 생기 있게 보였습니다.

저만치 햇살에 반짝이는 것이 보이면 아이들은 누가 먼저랄 것도 없이 달음질쳤습니다. 깨진 사금파리이거나 유리 조각일 때가 많았지만 그렇다고 실망하지 않았습니다. 그 사금파리나 유리 조각은 지루한 시간을 견딜 좋은 놀이 기구가 되곤 했습니다. 그것을 손에 들고 햇빛에 이리저리 비춰 보다가 친구의 얼굴에 빛이 반사되게 하기도 했습니다. 전날 내린 비로 인해 신작로 이곳저곳에 생긴 작은 물웅덩이에는 고운 흙이 살포시 내려앉아 부드러운 벨벳처럼 보였습니다. 지렁이가 온몸으로 기어간 자국이 선명하게 남아 있을 때도 있었습니다. 그걸 볼 때마다 마음이 아뜩해졌습니다. 설명하긴 어렵지만 뻘밭 위를 온몸으로 기어갔을 지렁이의 고독 따위에 감응했던 것이 아닐까 싶습니다. 가끔 지난날을 회상할 때가 있습니다. 두루 가난했던 시절의 경험이 궁상맞게 기억되지는 않습니다. 아름답고 빛나던 시간이었습니다. 지금보다 한결 열악한 여건 가운데 살았지만, 아련하고 따뜻하게 기억되는 것은 왜일까요?

  어떤 분은 거리가 미를 창조한다고 말했습니다. 당장의 이해관계에서 조금 떨어져서 바라보면 사물이나 사태가 아름답게 보인다는 말일 것입니다. 살면서 쓰라린 경험을 하지 않는 이는 거의 없습니다. 당시에는 그 문제에 부딪쳐 가슴에 멍이 들고, 영혼에 피가 맺히곤 했습니다. 죽고 사는 문제가 거기에 달린 듯 암담할 때도 많았습니다. 다시는 돌아보고 싶지 않은 기억이었는데, 지나고 생각하면 그런 경험들이 쌓여 오늘의 우리를 만들었습니다. 물론 다시는 떠올리기 싫은 기억에 사로잡혀 사는 분들도 계십니다. 하지만 기억은 참 신비해서 떨치려 하면 할수록 더욱 더 달라붙곤 합니다. 아픈 기억은 차라리 정직하게 직면하는 게 낫습니다. 애상에 빠지지 않고 과거에 직면할 때 그 아픈 기억은 새로운 삶을 살아갈 연료가 될 수 있습니다. 지금 여러분은 어떤 기억과 대면하며 살고 계십니까?

과거에 민주화 운동을 하다가 감옥에 다녀오신 분들이 이구동성으로 하던 말이 있습니다. 감옥이 '진짜 대학'이라는 것이지요. 책을 보고 생각할 시간이 많았다는 뜻도 있겠지만, 그곳에서 다양한 사람들과의 만남이 세상을 바라보는 자기들의 눈을 새롭게 했다는 뜻도 내포되어 있을 것입니다. 바울도 감옥에서 더욱 깊어진 것이 아닌가 싶습니다. 수인이 되어 재판을 기다리는 바울도 빌립보 교인들을 그리움으로 떠올립니다.

나는 여러분을 생각할 때마다, 나의 하나님께 감사를 드립니다. 내가 기도할 때마다, 여러분 모두를 위하여 늘 기쁜 마음으로 간구합니다(빌 1:3-4).

의례적인 말이 아니라 진심이 담긴 말입니다. 바울이 빌립보 교인들에게 이렇듯 애정이 담긴 인사말을 건네는 것은 그들의 있음 그 자체가 바울에게 큰 힘이 되었기 때문입니다. 시련의 시간, 고통의 시간, 미래를 기약하기 어려운 시간에 떠올리기만 해도 미소가 떠오르는 사람들이 있다는 것은 얼마나 고마운 일입니까? 빌립보 교인들과 바울의 만남은 그야말로 하나님의 계획 속에서 일어난 일이었습니다.

사도행전 16장을 보면 바울 사도의 빌립보 선교 이야기가 나옵니다. 소아시아 지방에서 복음을 전하던 바울은 흑해 근처의 비두니아로 선교의 지평을 넓히려 했지만 어떤 연유에서인지 그곳으로 갈 수 없게 되었습니다. 그는 드로아로 이동하여 기도를 하던 중에 환상을 봅니다. 마케도니아 사람 하나가 나타나서 그에게 "마케도니아로 건너와서, 우리를 도와주십시오"(행 16:9) 하고 청했던 것입니다. 바울은 그것이 하나님의 부르심이라고 즉시 확신했고, 사모드라게와 네압볼리를 거쳐 빌립보로 들어갔습니다.

바울은 그곳에서 부유하고 경건한 상인 루디아와 그의 온 집안 사람들에게 복음을 전했고, 그의 도움으로 빌립보 선교를 수월하게 전개할 수 있었습니다. 하지만 귀신에 들려 점치는 능력을 보였던 여종에게서 귀신을 내쫓은 사건 때문에 곤경에 처하기도 했습니다. 그 여종을 통해 큰 돈벌이를 하던 주인들이 그들을 관원에 고발했기 때문입니다. 이익의 소망이 끊어진 것 때문에 화가 났으면서도 그들은 자기들의 분노를 공적인 문제인 양 포장했습니다. 유대인들이 들어와 로마 시민들이 차마 받아들일 수 없는 풍속을 전함으로써 도시를 소란하게 만들었다는 것이었습니다. 바울과 실라는 붙잡혀 재판도 받지 않은 상태로 매를 맞고 감옥에 갇혔습니다. 그 암담한 상황

가운데서도 그들은 하나님을 찬미했습니다.

한밤중에 지진이 나 옥 터가 흔들렸고 그들에게 채워졌던 수갑과 차꼬가 저절로 풀렸습니다. 두려움에 떨던 간수는 죄수들이 탈출한 줄 알고 자살하려 했습니다. 죄수들을 지키지 못한 자에게 내릴 벌이 두려웠기 때문입니다. 그러나 바울과 실라가 모습을 드러내고 만류하자 무서워 떨면서 사도들의 발 아래 엎드려 물었습니다. "두 분 사도님, 내가 어떻게 해야 구원을 얻을 수 있습니까?"(행 16:30) 결국 그날 밤, 간수와 온 집안이 주 예수를 영접하고 세례를 받았습니다. 다음 날 사도들은 석방됨과 동시에 빌립보에서 추방되었습니다. 빌립보에서 벌어졌던 그 사건들을 바울은 또 다른 감옥에서 회상하고 있습니다. 그곳에서 만났던 사람들의 얼굴이 주마등처럼 지나가면서 그는 감사의 심정에 사로잡혔습니다. 그들의 존재 자체가 그의 삶이 헛되지 않았음을 보여주는 증거였습니다.

나는 날마다 죽습니다

바울에게 중요한 것은 자기의 안위가 아니라 주님께서 위임하신 일을 수행하는 것이었습니다. 주 예수를 전하고, 하나님 나라 운동을 확산하는 일을 위해 그는 목숨을 걸었습니다. 고린도교회에 보내는 편지에서 그는 "나는 날마다 죽습니다"(고전 15:31)라고 말합니다. 늘 위험을 무릅쓴다는 말이기도 하겠지만, 시도 때도 없이 올라오는 자아를 잘라내고 또 잘라낸다는 뜻이기도 할 것입니다. 그렇기에 그의 삶은 자아를 부풀리는 일과 무관합니다.

나의 간절한 기대와 희망은, 내가 아무 일에도 부끄러움을 당하지 않고 온전히 담대해져서, 살든지 죽든지, 전과 같이 지금도, 내 몸에서 그리스도께서 존귀함을 받으시리라는 것입니다. 나에게는, 사는 것이 그리스도이시니, 죽는 것도 유익합니다(빌 1:20-21).

그는 자기 생을 그리스도의 일을 위해 온전히 바친 사람입니다. 목적이 분명하니 선택이 복잡할 것도 없습니다. 무슨 일을 하든지 자기가 중심이 되지 않으면 안 되는 사람들이 있습니다. 영혼이 어린 사람들입니다. 개그우먼인 박미선 씨의 이야기를 우연히 듣게 되었습니다. 한동안 활동을 쉬던 중 방송국에서 섭외가 들어오기에 반갑게 물었답니다. "MC인가요?" 하지만 돌아온 대답은 실망스러웠습니다. "아니오, 패널입니다." 자기 나름 스스로를 최고라 생각했는데 무시당한 것 같은 생각이 들어 무척 불쾌했고 힘들었다고 합니다. 그러다가 그는 마음을 고쳐먹었습니다. 패널이라도 할 수 있으니 다행이라고 생각한 것입니다. 올라갈 때도 중요하지만 내려올 때가 더 중요합니다. 자아만 내려놓아도 세상이 달리 보이는 법입니다.

오래 전에 읽은 동화 작가 강정규 선생의 글 가운데 이런 대목이 나옵니다. 주인공은 운동회 날 달리기만 하면 늘 꼴찌였다고 합니다. 1학년부터 5학년까지 똑같았습니다. 그런데 6학년 때 이변이 일어났습니다. 열심히 앞만 보고 달리는데 관중석에서 할머니의 음성이 들려왔습니다. "일등이다. 우리 잉규대가 일등여!" 놀라서 둘러보니 그는 분명히 맨 앞에서 달리고 있었습니다. 그래서 더욱 이를 악물고, 상을 찌푸리고, 두 주먹을 꼭 쥐고 달렸습니다. 그런데 들어와서 보니까 자기 뒤를 바싹 좇고 있던 여덟 명의 아이들은 다음 조의 아이들이었습니다. 그날 그렇게 일등(?)을 하고 집으로 돌아가는데 할머니가 손자를 위로하며 말씀하셨습니다. "천천히 가그라, 꼴찌두 괜찮여. 서둘다 자빠지면 너만 다쳐. 암만 늦게 가두 네 몫은 있능겨. 앞서 간 애들이 다 골라 간 것 같애두, 남은 네 몫이 의외루 실속 있을 수 있능겨, 잉규야." 할머니가 고단한 삶을 통해 터득한 지혜를 손자에게 전수해 준 셈입니다. 조금 늦으면 어떻습니까? 중요한 것은 마음의 눈을 뜨는 것입니다. 십자가의 길은 그런 것입니다. 다른 이들에게는 패배의 길처럼 보이지만, 눈을 뜬 사람들에게는 진정한 승리의 길입니다. 힘이 아니라 정신이, 지배가 아니라 섬김이, 경쟁이 아니라 협동이, 가름이 아니라 통합이, 노예적 굴종이 아니라 희생을 각오한 저항이 우리 삶을 든든하게 만듭니다.

바울 사도는 빌립보 교인들이 그런 복음의 길에 동행이 되어 준 것을 기억하며 기뻐합니다. 잠시 동안의 인연이었지만 빌립보 교인들은 자기들에게 복음을 전해 준 바울을 잊지 않고, 그에게 선교 후원금을 보내 주고, 지속적으로 기도의 연대를 맺고 있었던 것입니다. 아슬아슬하지만 희망은 그렇게 자라고 있었던 것입니다. 그래서 바울은 확신을 가지고 말합니다. "선한 일을 여러분 가운데서 시작하신 분께서 그리스도 예수의 날까지 그 일을 완성하시리라고, 나는 확신합니다"(빌 1:6). 복음을 위해 협력하는 그 선한 일은 빌립보 교인들이 한 일처럼 보이지만 사실은 하나님이 그들 속에서 일으키신 사건입니다. 그렇기에 바울은 어떤 경우에도 낙심하지 않습니다. 그가 해야 할 일은 다만 하나님의 마음에 깊이 접속하는 일 뿐입니다.

분별하는 사랑

그럼에도 불구하고 빌립보 교인들의 존재 그 자체는 그에게 큰 위안이자 기쁨입니다. "내가 그리스도 예수의 심정으로, 여러분 모두를 얼마나 그리워하고 있는지는, 하나님께서 증언하여 주십니다"(빌 1:8). 누군가를 그리워한다는 것처럼 아련한 일이 또 있을까요? 여기서 '그리스도의 심정'으로 번역된 헬라어는 사실 '그리스도의 창자'입니다. 옛 사람들은 인간의 가장 깊숙한 정서가 '창자'에 머문다고 생각했습니다. 바울이 그들을 얼마나 그리워하는지 절절하게 느낄 수 있는 대목입니다. 바울 사도는 빌립보 교인들을 떠올릴 때마다 하나님께 감사하고 기뻐하면서, 또한 그들을 위해 간절한 기도를 올립니다.

내가 기도하는 것은 여러분의 사랑이 지식과 모든 통찰력으로 더욱 더 풍성하게 되어서, 여러분이 가장 좋은 것이 무엇인가를 분별할 줄 알게 되는 것입니다. 그리하여 여러분이 그리스도의 날까지 순결하고 흠이 없이 지내며, 예수 그리스도께서 주시는 의의 열매로 가득 차서 하나님께 영광과 찬양을 드리게 되기를, 나는 기도합니다(빌 1:9-11).

바울의 기도는 단순하지만 심오합니다. 바울은 빌립보 교인들이 진작 보여 준 사랑이 지식과 통찰력으로 인해 더욱 풍성하게 되기를 기도하고 있습니다. 성도들의 사랑은 서로에 대한 단순한 호감이나 선의에 머물러서는 안 됩니다. 그런 사랑은 상황이 달라지면 언제든 식을 수 있고, 맹목적인 사랑은 정의를 무너뜨릴 수도 있으니 말입니다. 모호하기 이를 데 없는 삶 가운데서 하나님의 뜻을 분별하기란 여간 어려운 게 아닙니다.

우리에게는 두 가지 기준이 있습니다. 우리가 하려는 일이 하나님 사랑에서 기인한 것인가가 첫째이고, 우리가 하려는 일이 이웃에게 유익을 주는가가 그 둘째입니다. 바로 그것이 '분별하는 사랑'입니다. 오순절기를 지나는 동안 우리들의 사랑도 그렇게 깊어지기를 빕니다. 하나님 나라에 대한 그리움이 우리를 이끌고 가는 힘이 되기를 바랍니다.

흔들리지 않는 중심____

군인들의 인사 구호는 '충성'이 가장 많은 것 같습니다. 군대라는 집단의 특성상, 충성을 요구하고 또 그것을 복창하게 하는 것은 집단의 정체성을 유지하기 위해 필요할 수도 있습니다. 그런데 이따금 우리는 젊은이들이 선배나 직장 상사를 만나면 "충성!" 하고 인사하는 경우를 봅니다. 그게 무슨 뜻일까요? 물론 장난이고, 친밀함의 표현임을 모르지는 않습니다. 하지만 저는 그 속에서 비굴한 굴종의 냄새를 맡습니다. "저는 당신의 종입니다. 당신의 권위 앞에서 나는 인격이 없는 사람이 되겠습니다." 높은 사람이니까, 나이가 많으니까, 선배니까 마음에 들지 않아도 "충성!" 하고 인사한다면, 그는 처세에는 밝은 사람일지 모르지만 진실한 사람은 아닙니다. 그는 윗사람 앞에서는 '네네' 하다가도 뒤에 가면 투덜댈 것입니다. 그런 의미에서 그는 소인배입니다.

 사실 충성이라는 말은 참 좋은 말입니다. 충성스럽다는 말은 매우 긍정적인 평가입니다. 하지만 그 충성이 무엇을 향한 충성이냐가 중요합니다. 깡패가 두목에게 바치는 충성은 좋은 것이 아니지요.

'충忠'이라는 글자는 '가운데 중中'과 '마음 심心'이 합쳐진 말입니다. 마음에 '中'을 얻은 사람만이 '충성스러운' 사람입니다. 이때의 '中'이란 어중간한 중간이 아닙니다. '흔들리지 않는 중심'입니다. 중심에 굳게 선 사람이 충성스런 사람입니다. 하늘에 머리를 두고 사는 사람의 중심은 마땅히 하나님이십니다. 중심을 가진 사람은 어느 곳에 있든지, 상황이 어떠하든지 중심을 잃지 않습니다.

"언제나 어디서나 크리스천"이라는 우리 교회의 표어는 그리스도라는 중심을 가진 사람이 되자는 초대입니다. 언제나 어디서나 그리스도인으로서의 정체성을 잃지 않고 살자는 말입니다. 영화를 보면, 가끔 사람들이 집안에서 나쁜 짓을 하려 할 때면 자기 부모의 사진을 돌려놓거나, 수건 같은 것으로 덮어 놓더군요. 우리는 그런 광경을 보면서 공감의 미소를 짓곤 합니다. 우리는 가끔 주님의 눈길에 수건을 덮어 놓고 기독교인이 아닌 것처럼 처신할 때가 있지 않습니까? 예수님은 그렇지 않으셨습니다. 안팎이 꼭 일치되셨습니다.

모세의 충성, 예수의 충성

히브리서 저자는 예수님을 다른 여러 대상들과 비교하고 있습니다. 비교의 대상이 있어야 그가 어떤 존재인지 확연히 드러나기 때문입니다. 저는 제 키가 작은 편은 아니라고 스스로 주장하지만, 180센티미터가 넘는 사람 옆에 서면 소인이지요. 하지만 저보다 작은 분 옆에 서면 보기가 꽤 괜찮아요. 그처럼 히브리서 기자는 예수님을 천사보다도 위대하신 분으로, 그리고 모세보다도 위대하신 분으로 드러내고 있습니다.

그러므로 하늘의 부르심을 함께 받은 거룩한 형제자매 여러분, 우리가 고백하는 신앙의 사도요, 대제사장이신 예수를 깊이 생각하십시오. 이 예수는 모세가 하나님의 온 집안에 성실했던 것과 같이, 자기를 세우신 분께 성실하셨습니다. 집을 지은 사람이 집보다 더 존귀한 것과 같이, 예수는 모세보다 더 큰 영광을 누리기에 합당한 분이십니다. 어떠한 집이든지 어떤 사람이 짓습니다. 그러나 모든 것을 지으신 분은 하나님이십니다. 모세는, 하나님께서 장차 말씀하시려는 것을 증언하기 위한 일꾼으로서 하나님의 온 집아 사람에게 성실하였습니다. 그러나 그리스도는 아들로서, 하나님의 집안 사람을 성실하게 돌보셨습니다. 우리가 그 소망에 대하여 확신과 자부심을 지니고 있으면, 우리는 하나님의 집안 사람입니다(히 3:1-6).

히브리서 기자는 모세가 하나님의 사환으로서 자기에게 맡겨진 일에 충성스러웠던 것처럼, 예수님도 당신을 보내신 하나님께 충성을 다하셨다고 말합니다. 물론 차이는 있습니다. 모세는 하나님께 택함을 받았지만 예수님은 아들로서 보냄을 받았습니다. 모세는 하나님 집의 구성원으로서 충성을 다했지만, 예수님은 그 집을 맡은 아들로서 충성을 다했습니다. 오늘 우리가 유의해야 할 부분은 예수님의 충성입니다. 예수님은 어떤 의미에서 충성스러우셨나요?

히브리서 기자는 1절에서 예수님을 '믿는 도리의 사도', 그리고 '대제사장'으로 소개하고 있습니다. 이것은 예수님의 이중적인 책임을 가리키는 것입니다. 사도란, 뭔가를 위임 받아서 위임해 주신 이의 일을 하는 사람입니다. 예수님은 하나님의 전권을 가지고 세상을 다스리실 뿐만 아니라 구원의 길을 여시는 사도입니다. 또한 주님은 인류의 죄를 어깨에 짊어지고 하나님 앞에서 용서를 청하는 대제사장이십니다. 이 사실을 깊이 생각해야 합니다. 그분이 누구시고 무슨 일을 하셨는지를, 조심스럽게 숙고하고 깊이 이해해야 합니다.

하지만 오늘의 교인들은 남이 제시한 해답을 자신의 답으로 삼으려는 영적 게으름을 보입니다. 우리 믿음이 자라지 않는 까닭은 깊이 생각하지 않기 때문입니다. 신앙은 지성의 희생이 아닙니다. 자꾸 묻고, 또 생각해야 답이 나옵니다. 그리고 거기에서 삶의 변화가 일어납니다.

'하나'를 붙잡은 사람

히브리서 3장에서 예수님은 사도로서, 그리고 대제사장으로서의 직무에 충성스러운 분으로 그려지고 있습니다. 물론 예수님의 충성의 대상은 하나님, 곧 진리입니다. 충성을 다하는 이들의 특색은 무엇입니까? 자기의 직무를 감당하는 데 불필요한 것들을 다 버립니다. 값진 진주를 발견한 상인은 그 진주를 구하기 위해 자기가 가진 모든 것을 다 팝니다. 많은 것을 팔아 하나를 사는 것이 삶의 성숙입니다. 결국에는 다른 무엇과도 바꿀 수 없는 '하나'를 얻기 위해 우리는 살고 있습니다.

예수님은 그 '하나'를 얻기 위해 하나님 앞에 늘 엎드리셨습니다. 엎드리지 않고는 깨끗하게 자기를 비울 수 없습니다. 세상에서의 영달을 위해 다른 이 앞에 무릎을 꿇는 것은 비겁입니다. 그러나 진리를 얻기 위해 하나님 앞에 엎드리는 것은 용기입니다. 너무나 많은 이들이 그런 용기를 잃고 살아갑니다. 엎드려 절 한 번만 하면 천하만국을 다스리는 권세를 주겠다는 사탄을 향해 "사탄아, 물러가라!" 외치시며 "내가 경배할 분은 하나님 한 분뿐"이라고 하셨던 예수님은 얼마나 당당하십니까? 오늘 우리 삶이 누추하고, 너절하고, 맥이 빠진 이유는 사탄과 적당히 신사협정을 맺고 살기 때문은 아닙니까? 주님은 지금도 충성스러운 일꾼들을 찾고 계십니다. 당신이 위임하신 일을 성심으로 감당하는 사람들 말입니다.

믿음직한 심부름꾼은 그를 보낸 주인에게는 무더운 추수 때의 시원한 냉수와 같아서, 그 주인의 마음을 시원하게 해 준다(잠 25:13).

'성의' 공부
우리는 하나님이 맡기신 일에 성실한 일꾼입니까? 혹시 우리에게 맡겨지는 일이 격에 맞지 않다고 투덜거리고 있지는 않습니까? 내게 맡겨지는 일이 내 마음에 맞지 않는다고 해서 일을 소홀히 한 적은 없습니까? 예수님은 말씀하셨습니다.

> 지극히 작은 일에 충실한 사람은 큰일에도 충실하고, 지극히 작은 일에 불의한 사람은 큰일에도 불의하다(눅 16:10).

우리가 어떤 이의 사람됨을 알려면 그에게 주어진 하찮아 보이는 일을 그가 어떻게 감당하는지 보면 됩니다. 저는 걸레질하는 것에도 인격이 드러난다고 생각합니다. 무슨 일을 하든 자기 마음을 담아 전심전력을 다하는 것은 다 아름답습니다. 하나님은 늘 성실하십니다. 사람은 무슨 일을 하든 성실해지려고 함으로써 하늘을 닮습니다. 동양인들도 사람 공부에서 매우 중요한 것이 '성의誠意' 공부라 했습니다. 어떤 일을 하든 뜻을 가지런히 해서 지극至極한 정성精誠을 다해야 내적인 힘이 생긴다 했습니다. 그런데 '성의' 공부에서 중요한 것은 쉬지 않는 것입니다. 지성至誠은 부식不息이라 했습니다. 어떤 일을 하든 한 10년은 지속하겠다는 결의가 필요합니다. 지속에의 열정이 없이는 아무 일도 이룰 수 없습니다. 좋은 뜻을 세우고 의욕적으로 일하다가도, 시간이 가면서 시들해져 버리는 사람들을 흔히 봅니다. 내공이 약해서입니다. 힘들어도 최초의 뜻을 굳게 잡고 오래 계속해 나가야 좋은 결실을 거두게 마련입니다.

그런데 어떻게 지속의 열정을 잃지 않을 수 있을까요? 그것은 결의로 되는 일은 아닙니다. 먼 길을 가려면 한 걸음 한 걸음 제대로 내딛어야 하는 것처럼, 어떤 일을 하더라도 매사에 정성을 다할 때 우리는 그 일을 오래 할 수 있습니다. 사람을 대할 때나 일을 할 때, 내일 또 만날 사람인데 혹은 내일도 기회는 또 있는데 생각하면 정성스러움이 사라집니다. 지금 내 앞에 있는 사람, 그리고 내게 주어진 일이야말로 하나님이 내게 주신 선물이라고 생각할 때, 우리는 '정성스런 사람'이 됩니다. 정성스런 사람은 소박하지만 알찬 생의 열매를 거두게 마련입니다.

일본에서 가정 도서관 운동을 하는 어느 할머니는, 30년 동안 한결같이 자기 집 방 한 칸을 동네 주민들에게 일주일에 두 번씩 개방했답니다. 어린이들에게 책을 읽게 해야겠다는 중년의 꿈을 노인이 된 지금까지도 굳게 잡고 있는 것이지요. 30년이 지난 지금은, 어린 시절에 할머니의 도서관을 찾았던 사람들이 자기 아이들을 데리고 온답니다. 하나의 역사가 만들어진 것입니다.

저는 우리 교회에서 성가대원으로, 교사로, 푸른어린이도서관 봉사자로, 애니아의 집 봉사자로 일하는 이들이 수십 년을 한결같이 그 일을 감당해 줬으면 좋겠습니다. 똑같은 일을 계속한다는 게 말처럼 쉽지는 않습니다. 더 좋은 일, 나를 더 필요로 하는 일이 있을 것만 같기 때문입니다. 하지만 굽은 소나무가 선산을 지킨다는 옛말처럼, 시류를 좀 덜 타는, 느리고 미련해 보이는 이들이 세상을 아름답게 만드는 것 아닐까요? 예수님은 당신에게 위임된 사명을 성심껏 감당하셨습니다. 그 결과가 십자가였습니다. 그 십자가는 세상 사람들이 보기에는 어리석어 보이지만, 구원의 길에 들어선 사람들에게는 하나님의 능력입니다. 가시밭길처럼 팍팍한 세상길을 예수님은 맨발로, 사랑과 섬김의 맨발로 걸어 마침내 구원의 길을 이루셨습니다.

　우리는 그 길을 걷는 이들입니다. 주님이 온몸으로 이루어 내신 그 길을 걸으면서, 주님의 손과 발이 되어 살아갈 때 우리는 비로소 하나님께 이르게 될 것입니다. 주님이 맡기신 일이 무엇이든 확신과 자부심을 가지고, 쉬지 않고 오랫동안 그 일을 감당할 때 우리는 하나님의 집안사람이 될 것입니다. 오늘, 하나님의 집안사람이 되기 위해 맡겨 주신 일에 충성을 다하겠다는 다짐이 우리 모두에게 있기를 기원합니다.

온유하고 겸손한 마음

"요즘 행복하십니까? 살림살이 좀 나아지셨습니까?" 어느 정치인의 말투가 사람들 입에 오르내린 적이 있습니다. 이런 현상은 지금 우리 현실이 그다지 행복하지도 않고, 살림살이가 넉넉하지도 않다는 사실을 반증해 주는 것 아닌가 싶습니다. 거리를 걷는 사람들의 표정을 유심히 살펴보십시오. 대개 삶의 피곤기가 짙게 배어 있습니다. 함석헌 선생님이 말씀하셨던, 아침 바람처럼 맑은 얼굴, 저녁 하늘처럼 영광스러운 얼굴, 굳게 찡그린 바위의 가슴을 터치고 웃는 꽃 같은 얼굴을 찾아보기가 어렵습니다. 제 얼굴도 만만치는 않지요.

신문이나 방송에서 들리는 소식은 가슴에 울화를 일으키기 일쑤입니다. 그래서인가요? 사람들의 '말살이'가 독해졌습니다. 인터넷에 올라오는 글들을 보면 욕설과 원색적인 비난이 많습니다. 온유하고 겸손한 말투는 찾아보기 어려워요. 익명성 뒤에 숨어서 자기감정의 찌꺼기들을 마구 쏟아 내는 사람들을 보면 참 안됐다는 생각이 듭니다. 특히 요즘은 여러 이해 집단들이 정면충돌하면서 내는 굉음 때문에 귀가 멍해질 정도입니다.

물론 사회적 갈등이 꼭 나쁜 것만은 아닙니다. 사람들의 '모듬살이'에 갈등이 없을 수는 없으니까요. 지금 우리 사회에서 우후죽순처럼 분출되고 있는 사회적 갈등은 비정상적이거나 병리학적 현상이 아니라, 오랫동안 잠복해 있던 갈등의 요인들이 때를 만나 쏟아져 나오는 것입니다. 그러니 어찌 보면 당연한 일입니다.

문제는 그 갈등이 그 동안 우리 사회에 만연해 온 불균형을 해소하고, 새로운 사회 질서를 수립하는 일에 디딤돌이 될 수 있는가 없는가 입니다.

이러한 조정 과정에서 소중한 것을 잃어버리거나 파괴하지 않도록 정신을 바짝 차려야 합니다. '갈등葛藤'은 본시 '칡'과 '등나무'를 뜻하는 말이 결합된 단어입니다. 불화하고 반목하는 사람들이 칡과 등나무처럼 감정적으로 쉽게 얽히고 빠르게 증식되는 것을 보면, '갈등'이라는 단어를 사용하기 시작한 옛 사람들의 통찰이 참 놀랍습니다. 우리 사회의 갈등이 '사회적 균형'이라는 옥동자를 낳으면 좋겠는데, 그렇지 못할까 봐 걱정입니다. 갈등 속에서도 서로의 살 권리를 인정하고 존중해야 하는데 우리는 너무 한쪽으로만 치우치는 경향이 있는 것 같아서 염려스럽습니다. 무엇보다 나는 남과 다르다는 교만한 생각을 버려야 합니다.

교만에는 멸망이 따르고, 거만에는 파멸이 따른다(잠 16:18).

교만한 사람에게는 수치가 따르지만 겸손한 사람에게는 지혜가 따른다(잠 11:2).

주님께서는 연약한 백성은 구하여 주시고 교만한 눈은 낮추십니다(시 18:27).

교만한 마음은 그 자체로 불행입니다. 교만은 먼저 자기를 기만하기 때문입니다. 바울 사도도 "어떤 사람이 아무것도 아니면서 무엇이 된 것처럼 생각하면 그는 자기를 속이는 것"(갈 6:3)이라고 말씀했습니다. 교만한 사람의 눈이 자기 자신을 향하는 법은 별로 없습니다. 그의 눈길은 항상 남의 허물을 찾기에 분주합니다. 어느 분이 그러시더군요. "우리가 이웃을 바라보는 시선으로 하나님이 우리를 보신다면 구원받을 사람 하나도 없다." 참 두려운 이야기 아닙니까? 교만한 마음의 두 번째 불행은 그 마음에 하나님이 머무실 자리가 없다는 것입니다. 생명과 힘의 근원이신 분을 떠난 삶은 곧 시들해질 수밖에 없습니다. 교만한 마음의 세 번째 불행은 생명을 낳지 못한다는 것입니다. 그런 사람이 살고 있는 곳은 이기심의 먼지만 날리는 인간성의 황무지로 변하게 마련이고, 생명의 하나님이 그를 좋아하실 리 없습니다. 교만이 멸망의 선봉이고 욕이 뒤따르는 것은, 하나님의 눈이 교만한 자를 기뻐하시지 않기 때문입니다.

아름다움을 해방시키는 마스터 키

세상에서 성도로 살아간다는 것은, 자꾸만 우리 속에서 돋아나는 교만의 싹을 도려내면서 겸손을 배우고 익히는 과정입니다. 예수님은 하늘 보좌를 버리시고 낮은 땅에 내려오심으로써 겸손의 본을 보이셨습니다. 사람은 본래 겸손하기가 쉽지 않습니다. '네가 신과 같이 되리라' 하는 유혹에 넘어간 게 인류의 조상이고, 그 피가 우리에게도 흐르고 있습니다. 하지만 우리는 살기 위해서라도 자꾸만 높이 뜨려는 마음을 붙잡아 낮춰야 합니다.

겸손한 사람과 어울려 마음을 낮추는 것이, 거만한 사람과 어울려 전리품을 나누는 것보다 낫다. 말씀에 따라 조심하며 사는 사람은 일이 잘되고, 주님을 믿는 사람은 행복하다(잠 16:19-20).

예수님을 따르겠다는 이들에게 주님이 제일 먼저 요구한 것은 '자기부인自己否認'이었습니다. 그런 후에 '자기 십자가'를 지고 당신을 따르라 하셨습니다. 주님을 따라 겸손의 길을 걸으려는 이들은 어떻게 살아야 할까요?

가장 중요한 것은, 우선 스스로에 대해 말을 아끼는 것입니다. 말을 헤프게 하지 않는 것은 당연히 중요하지만, 자기 자신에 대한 말은 특히 더 아껴야 합니다. 우리는 자기를 드러내고 표현하려는 욕구가 커서 다른 이들의 말을 귀담아 듣지 않습니다. 할 말은 많지만 들어야 할 말은 별로 없는 것처럼 처신합니다. 하지만 그런 태도는 우리 영성 발전에 아무 도움이 안 됩니다. 비록 젠 체하는 태도로 하는 말이 아니라 해도, 말 속에서 허영심이 튀어나오는 경우가 많기 때문입니다.

다음에는 누구를 대하든지 그에게서 칭찬할 만한 점을 찾아야 합니다. 세상에 좋은 점이 하나도 없는 사람이 있을까요? 성격이 괴팍하고 제멋대로인 것처럼 보이는 사람에게도 우리가 미처 알지 못하는 아름다운 요소가 있게 마련입니다. 하나님을 믿는 사람은 사람들 속에 갇혀 있는 그 아름다운 요소를 해방시켜 줄 책임이 있습니다.

그 굳게 잠긴 아름다움을 해방시키는 마스터 키master key는 '사랑'과 '존중'입니다. 진심으로 사랑하고 진심으로 존중해 주는 이들에게 끝까지 마음을 닫고 있을 사람은 별로 없을 것입니다. 사람은 항상, 자신에 대해 누군가가 말하고 생각하는 대로 되는 경향이 있습니다. 그래서 어떠한 경우에도 해서는 안 될 말이 있습니다. '제까짓 게 뭔데', '난 너에 대해서 더 이상 아무런 기대도 하지 않아', '네 멋대로 해라' 등입니다. 저는 요즘 상대에 대한 기대를 포기하는 것도 죄라는 사실을 깨달았습니다. 가능성의 문을 닫아 버리는 행위이기 때문입니다.

가치 있는 것들에
대한 태도

부드럽고 연약한 것은 위로 올라간다

저는 온갖 갈등이 어지럽게 분출하고 있는 지금, 우리가 사람들에게 전해야 할 소중한 선물이 있다고 생각합니다. 얼굴에 미소 짓고 걷기, 거칠고 삭막한 말은 삼가고 친절하고 따뜻한 말 나누기, 먼저 인사하기…. 따지고 보면 이게 다 '힘 빼기'와 연관되는 것들입니다. 몸과 마음에서 힘을 빼는 것 말입니다. 얼굴에서 힘을 빼야 표정이 부드러워지고, 말에서 힘을 빼야 따뜻한 말이 되니 말입니다. 힘을 빼기 위해서는 '자기'에 대한 집착을 자꾸 버려야 합니다. 성도는 복의 매개자로 부름 받은 사람들입니다. 남을 복되게 하는 것을 자기 복으로 삼은 사람들이라는 뜻입니다. 예수님이 우리를 위해 모든 것을 다 바쳤을 때, 하나님은 그분에게 부활의 생명을 덧입혀 주셨습니다. 강한 것이 약한 것을 이기는 것처럼 보여도 실상은 그렇지 않습니다.

노자는 도덕경 76장에서 말합니다. "나무가 강하기만 하면 꺾인다. 나무에서 딱딱하고 커다란 것은 밑으로 내려가기 마련이고, 부드럽고 연약한 것은 위로 올라가게 마련이다木強則折, 強大處下, 柔弱處上."교만한 마음은 우리를 자꾸만 땅에 속한 사람으로 만듭니다. 겸손하고 부드러운 마음만이 하늘을 향해 오를 수 있습니다. 성도는 겸손을 길로 삼은 사람들입니다. 우리의 교만하고 굳은 마음을 날마다 말씀의 칼날로 도려내고, 온유하고 겸손한 마음의 속살이 차오를 때까지 하나님께 마음을 집중하고 살아가시기를 기원합니다.

나무가 강하기만 하면 꺾인다.
나무에서 딱딱하고 커다란 것은 밑으로 내려가기 마련이고,
부드럽고 연약한 것은 위로 올라가게 마련이다.

주註

1. 〈전라도닷컴〉 제167호, 기획특집 '봄의 말씀'
2. 가와바타 구니후미,《생명의 교실》(목수책방), p.136
3. 박수용,《시베리아의 위대한 영혼》(김영사), p.201
4. 로완 윌리엄스,《그리스도인이 된다는 것》(복있는사람), p.73
5. 미셸 꽈스트,《참 삶의 길》(성바오로출판사), p.103
6. 같은 책, p.104
7. 전성은,《왜 학교는 불행한가》(메디치), p.112
8. 아브라함 요수아 헤셸,《누가 사람이냐》(한국기독교연구소), p.201
9. 같은 책, p.201
10. 리베카 솔닛,《걷기의 인문학》(반비), p.10-11
11. 현경,《신의 정원에 핀 꽃들처럼》(웅진지식하우스), p.126
12. 김정운,〈한겨레신문〉, 2010년 11월 4일 자
13. 장 바니에,《공동체와 성장》(성바오로출판사), p.17
14. 레프 톨스토이,《톨스토이 단편선 1》중 〈작은 악마와 빵 조각〉(인디북)
15. 바츨라프 하벨,《불가능의 예술》(경희대학교출판문화원), p.127
16. 같은 책, p.127
17. 프리드리히 실러,《미학편지》(휴먼아트), p.205
18. 마더 테레사,《아름다운 영혼, 행복한 미소》(오늘의책), p.92
19. 차병직,《상식의 힘》(홍익출판사), p.305-306 참고
20. 존 디어,《살아 있는 평화》(생활성서사), p.127
21. 김교신 전집 1,《信仰과 人生 上》(제일출판사), p.111
22. 같은 책, p.197

도판 목록: 이중섭

1부_느려도 함께

도판 1   **가족과 비둘기** 1950년대, 종이에 유채 29×40.3cm

도판 2   **호박** 1954, 종이에 유채 54.5×26.5cm

도판 3   **호박꽃** 1954-55년, 종이에 유채 61×97cm

도판 4   **비둘기와 손** 1950년대, 종이에 유채 26.5×19.5cm

2부_한 방향으로, 오래도록, 단호하게

도판 5   **흰 소** 1955년, 종이에 유채 30×41.7cm

도판 6   **부부** 1950년대, 종이에 유채 51.5×35.5cm

도판 7   **해변의 가족** 종이에 유채 28.5×41.2cm

도판 8   **물고기와 노는 세 어린이** 1950년대, 종이에 유채 27×36.4m

3부_설레는 마음으로

도판 9   **왜관 성당 부근** 1955년, 종이에 유채 34×46.5cm

도판 10   **환희** 1955년, 종이에 유채 29.5×41cm

도판 11   **파도와 물고기** 1941년, 종이에 펜, 크레파스 14×9cm

도판 12   **사계** 1950년대, 종이에 연필과 유채 19.3×23.8cm

4부_온유하고 겸손하게

도판 13   **나무와 달과 하얀 새** 1956년, 종이에 크레파스와 유채 14.7×20.4cm

도판 14   **닭과 게** 1954년, 종이에 수채 242.8×31cm

도판 15   **돌아오지 않는 강** 1956년, 종이에 유채 20.2×16.4cm

도판 16   **벚꽃 위의 새** 1954년, 종이에 유채 49×31.3cm

가치 있는 것들에 대한 태도

김기석 지음

2018년 6월 25일 초판 1쇄 발행
2022년 11월 3일 초판 4쇄 발행

펴낸이 김도완 **펴낸곳** 비아토르
등록번호 제2021-000048호 **주소** 서울시 종로구 삼일대로 428, 500-26호
　　　(2017년 2월 1일)　　　(우편번호 03140)
전화 02-929-1732 **팩스** 02-928-4229
전자우편 viator@homoviator.co.kr

편집 김현정 **디자인** 임현주
제작 제이오 **인쇄** 민언프린텍 **제본** 다온바인텍

ISBN 979-11-88255-14-6 03230 **저작권자** ⓒ 김기석, 2018

이 도서의 국립중앙도서관 출판예정도서목록(CIP)은 서지정보유통지원시스템 홈페이지(http://seoji.nl.go.kr)와 공동목록시스템(http://www.nl.go.kr/kolisnet)에서 이용하실 수 있습니다.(CIP제어번호: CIP2018018202)